मीर
बीमार
हुए

मीर बीमार हुए

फ़िक्र तौंसवी

सम्पादन एवं संकलन

शुऐब शाहिद

BOOKS

राजकमल प्रकाशन

BOOKS राजकमल प्रकाशन

रेख़्ता बुक्स

बी-37, सेक्टर - 1, नोएडा
उत्तर प्रदेश - 201301

contact@rekhta.org | www.rekhtabooks.com

प्रथम संस्करण : नवम्बर 2022

ISBN : 978-93-91080-97-6

मूल्य : ₹ 149

मीर बीमार हुए

फ़िक्र तौंसवी

टाइटल कैलिग्राफ़ी : धर्मेन्द्र सुशांत

मुद्रक : ज़ाविया प्रिंट, दिल्ली

उन बूढ़ों के नाम...

जो पैदा न होते तो कभी बूढ़े न होते

फ़िक्र तौंसवी

उर्दू मिज़ाह के अज़ीम मुसन्निफ़ फ़िक्र तौंसवी (मूल नाम राम लाल भाटिया) की पैदाइश 7 अक्टूबर, 1918 को तौंसा शरीफ़ के मंग्रोथा गाँव में हुई। उनके वालिद, धनपत राय, तौंसा शरीफ के बलूच आदिवासी इलाके में एक दुकानदार थे। फ़िक्र तौंसवी ने शुरूआती तालीम तौंसा शरीफ़ में और आगे की तालीम लाहौर से हासिल की। हिन्दुस्तानी बर्रे-सग़ीर के बंटवारे के बाद वो दिल्ली चले आए।

उन्होंने कई किताबें लिखीं जिनमें 'आधा आदमी', 'छिलके ही छिलके', 'चौपट राजा' और 'फ़िक्र नामा' अहम हैं। उन्होंने लगभग 27 वर्षों तक 'उर्दू मिलाप' में 'प्याज़ के छिलके' नाम से दैनिक स्तंभ लिखा और दुखी मुल्क को हर रोज़ हँसाया। उनका व्यंग्य मानवीय है। उन्होंने इसे फ़हहाशी और तशद्दुद से, दास्तानों की मसनूइयत से और सबसे बढ़कर मज़ामीन के खोखलेपन और मुनाफ़िक़त से बचाया है।

फ़िक्र तौंसवी एक तंज़-निगार से अधिक हमारे सामाजी मुअर्रिख़ हैं, जिन्होंने हर घर में झाँका और ज़िन्दगी की छोटी-छोटी सितम-ज़रीफ़ियों को इतनी नाज़ुकी से सामने लाया कि हर कोई, जिसमें वो भी शामिल है, जो उसके हमले का निशाना है, उसे इसके बारे में पढ़ने में मज़ा आता है। हिन्दुस्तान के बँटवारे के दौरान लिखी गई उनके जरीदा, 'छठा दरिया' का डॉ. माज़ बिन बिलाल ने 'द सिक्स्थ रिवर: ए जर्नल फ्रॉम द पार्टिशन ऑफ़ इंडिया' के नाम से अंग्रेज़ी में अनुवाद किया है। 12 सितम्बर, 1987 को दिल्ली में उन्होंने आख़िरी साँस ली।

दिल से जो बात निकलती है...

उर्दू में मिज़ाह की एक शानदार रिवायत रही है। और इस रिवायत के रावियों में सर-ए-फ़ेहरिस्त जो नाम आते हैं उनमें फ़िक्र तौंसवी बहुत अहम हैं। आपका लिखा हर्फ़-हर्फ़ उर्दू वालों के लिए क़ीमती असास है। उर्दू वालों को मिली ये असासा जहाँ एक तरफ़ उनके लिए विरासत की अहमियत रखती है। वहीं ज़बान-ओ-अदब की ये मीरास एक अमानत भी है, हम उर्दू वालों पर, उन लोगों के लिए कि जो उर्दू या इसके रस्म-उल-ख़त से वाक़िफ़ नहीं। क्या एक तबक़ा-ए-ख़ास महज़ इसलिए किसी शाहकार का मुताला न कर पाए कि वो उस रस्म-उल-ख़त से वाक़िफ़ नहीं। ये मुनासिब नहीं। लिहाज़ा बरसों से इसी फ़िक्र के साथ यक-ए-बाद दीगरे उर्दू के क्लासिकल अदब पर काम कर रहा हूँ। आज फ़िक्र तौंसवी की ये किताब आपको सौंपते हुए बेपनाह मसर्रत महसूस कर रहा हूँ।

ये किताब बुनियादी तौर पर उनकी कई किताबों से मुंतख़ब किए गए चन्द मज़ामीन का मजमुआ है। मुझे उम्मीद है कि मुख़्तसर सफ़्हों की ये किताब आपको तंज़-ओ-मिज़ाह के एक ऐसे जहान-ए-दीगर से रुशनास करेगी कि जिसकी वुसअत समन्दरों की सी है। इस छोटे से दरिया में उतरिए और दरिया-ए-फ़िक्र की रवानी में तैरते जाइए। मौज-ए-बेकराँ उस समन्दर से जा मिलेंगीं, जिसमें मिज़ाह के बेशुमार नायाब गौहर

आपको हाथ लगेंगे। यही गौहर वो असासा है, कि जिसका ज़िक्र मैंने तहरीर की शुरूआत में किया। यही असासा है। अमानत भी। कि जिसका तहफ़्फ़ुज़ अब आप के हवाले।

- सम्पादक

फ़ेहरिस्त

मीर बीमार हुए

मैं बेहद परेशान बल्कि शर्मिन्दा था। शर्मिन्दगी का बाइस मेरा नसीब था कि मुझे कोई सीरियस बीमारी ला-हक़ नहीं होती थी। जब भी कोई बीमारी आती वो नज़ला ज़ुकाम में बदल जाती। ज़्यादा से ज़्यादा सर का दर्द, पेट का दर्द या कोई फोड़ा उभरता और मुझे जुल दे कर नौ दो ग्यारह हो जाता। अहबाब और रिश्तेदार ज़ेर-ए-नाफ़[1] क़िस्म का ताना दिया करते कि इन ग़ैर ज़रूरी बीमारियों पर कोई आपसे क्या हमदर्दी करे। मेरी बीवी तो कनखियों से कई बार इशारे भी कर चुकी थी कि मैं आप की ख़ातिर मर मिटने के लिए तैयार हूँ लेकिन इस मर मिटने की कोई ठोस बुनियाद भी तो पैदा कीजिए।

और न जाने मेरे किस प्यार की दुआ क़ुबूल हुई कि एक दिन मैं सुब्ह को शेव करके उठा तो मेरी एक लग़िजश-ए-पा[2] ने पुकारा। "लेना कि चला मैं!" मेरी बीवी जो शायद इस नादिर लम्हे के इन्तज़ार में अधेड़ हो गई थी, फ़ौरन डॉक्टर

को बुला लाई। डॉक्टर ने कहा "ये लग़ज़िश-ए-पा नहीं है, सीरियस बीमारी है!"

बीवी की ज़ुबान से बे-साख़्ता निकला। "हाय अल्लाह! ये सीरियस बीमारी इन के बजाय मुझे लग जाए।" डॉक्टर ने रोलिंग दिया। "ये फ़ैसला हस्पताल में जा कर होगा कि बीमारी किस जिस्म के लिए मौज़ूँ है, ये मुतनाज़ा मसअला है।" इतने में मेरे बहुत से अहबाब और रिश्तेदार जमा हो गए थे। उन्होंने डॉक्टर से "वन्स मोर" कहा और बारी-ए-तआला[3] का शुक्रिया अदा किया कि आख़िर मैं थर्ड रेट बीमारियों के चंगुल से निकल आया और अब राह-ए-रास्त[4] पर चल पड़ा हूँ। उन की आँखों में मुसर्रत के आँसू भर गए। उन्होंने तालियाँ बजाईं कई एक फ़र्त-ए-इम्बिसात[5] से रक़्स करने लगे। मेरी बीवी ने जज़्बात से काँपते लफ्ज़ों में ऐलान किया कि वो मेरे ग़ुस्ल-ए-सेहत[6] पर यतीमों को खाना खिलाएगी। हस्पताल के बड़े डॉक्टर ने सरगोशी में एक दोस्त को बताया कि नर्वस ब्रेकडाउन की बीमारी है। हो सकता है, कई साल लग जाएँ।

कई साल? मुझे यतीमों का मुस्तक़बिल ख़तरे में नज़र आया। हस्पताल के बेड पर लेटते ही मुझे बेहद इत्मीनान हुआ। न परेशानी बाक़ी रही थी न शर्मिन्दगी ही। बल्कि फ़ख़्र से फूला न समाता था कि अब इस सीरियस बीमारी की बदौलत कई लोगों को ऑब्लाइज कर सकूँगा। मेरे अहबाब ख़ुलूस और हमदर्दी का फ़राख़-दिलाना इस्तेमाल कर सकेंगे। रिश्तेदारों को ठण्डी आहें भरने और आँसू थरथराने का मौक़ा नसीब होगा। मेरी एक जुम्बिश-ए-लब पर वो अपनी गर्दनें कटवाने के लिए तैयार हो जाएँगे। मेरी आँख का एक हल्का

सा इशारा उन की ज़ंग-आलूद[7] रूह के सभी बन्द दरवाज़े खोल देगा। मेरे बदन में एक छोटी सी टीस उठेगी तो अहबाब मुर्ग़-ए-बिस्मिल की तरह हस्पताल की सड़क पर तड़पते हुए नज़र आएँगे। मेरी बीवी हर पुर्सान-ए-हाल के होंठों पर उँगली रखकर कह सकेगी,

सिरहाने मीर के आहिस्ता बोलो
अभी टुक रोते-रोते सो गया है

ग़रज़ मैं अपने आप को बड़ा ख़ुशनसीब समझता था कि ज़िन्दगी में किसी के काम तो आया। दूसरों की ख़ुशनूदी के चन्द लम्हे भी मुयस्सर आ जाएँ तो वो सुम्बुल-ओ-रेहाँ[8] और लाल-ओ-याक़ूत[9] वग़ैरह से कम नहीं होते वरना इस से पहले तो ज़िन्दगी जैसे बे-बर्ग-ओ-ग्याह[10] रेगिस्तान में गुज़र रही थी। न किसी के आँसू, न तबस्सुम, न जज़्बात से चूर-चूर होंठ, न किसी की हमदर्दी, न किसी का ख़ुलूस, न किसी का इम्तिहान, न कोई मुम्तहिन।

हस्पताल में जाते ही सबसे पहले तो मेरे एक मिनिस्टर दोस्त ने मेरे रेगिस्तान में एक फूल खिला दिया। यानी एक दोस्त के टेलीफ़ोन पर मेडिकल सुपरिटेंडेंट से कह दिया कि इस मरीज़ को फ़ौरन एक बेड अता किया जाए। हस्पताल में बेड मुयस्सर आने का मतलब होता है जैसे किसी बेरोज़गार को अपॉइंटमेंट लेटर मिल जाए। मेरे एक प्रोफ़ेसर दोस्त ने मेरी हवा बाँधते हुए कहा "जी! बेड क्यों न मिलता। इन की रसाई तो मिनिस्टरों तक है।" मुझे मिनिस्टरों की इस पस्ती पर रहम खाना चाहिए था लेकिन मिनिस्टर की ख़ुशी मुझे बेड मिल जाने में मुज़्मिर[11] थी। इसलिए मैं इस पस्ती को शहद का घूँट

समझकर पी गया।

बेड मिल जाने के बाद मैं तीन-चार दिन तक ये देखता रहा कि अहबाब और रिश्तेदार निहायत सर-गर्म हो गए हैं। चारों तरफ़ भागे-भागे फिरते हैं। वो लम्हा-ब-लम्हा अपनी दौड़ धूप की रिपोर्ट ले आते और मेरे हलक़ में उड़ेल देते। कोई बताता हस्पताल का हार्ट स्पेशलिस्ट मेरे कॉलेज का साथी है और मुझ से मैथमैटिक्स की गाइड बुक ले जाया करता था। कोई इन्किशाफ़[12] करता, ब्लड बैंक के इंचार्ज से मैंने कह दिया है कि आपकी ख़ुश-नसीबी है कि आप के हस्पताल में एक अज़ीम मरीज़ दाख़िल हुआ है। ये इंचार्ज मेरी ख़ाला का चौथा बेटा है। अगरचे ख़ाला ने उसे जायदाद से आक़[13] कर दिया है लेकिन उसकी लव मैरिज से पहले के सभी लव लेटर मैंने ही क़लम-बन्द करके दिए थे। एक दोस्त ने तीन अख़बारों में मेरी फ़ोटो और बीमारी की ख़बर बेहद वलवला-अंगेज़[14] अन्दाज़ में शाए करवा के मुसर्रत हासिल की जैसे उसने मुझे मरने के बाद जन्नत की सीट दिलवा दी हो। चार-पाँच दोस्तों ने कॉफ़ी हाउस में एक रिज़ॉल्यूशन पास करवा दिया कि ख़ुदा-न-ख़्वास्ता अगर फ़िक्र तौंसवी की मौत वाक़े हो गई तो पूरे कॉफ़ी हाउस के मेम्बरान न सिर्फ़ बा-जमात शमशान भूमि तक जाएँगे बल्कि पसमान्दगान[15] के लिए चन्दा भी इकट्ठा करेंगे।

ये जाँ तोड़ सरगर्मियाँ देखकर मुझे यूँ महसूस हुआ जैसे सारा हिन्दुस्तान मेरी बीमारी की ख़ातिर ज़िन्दा है वर्ना दर-गोर[16] हो गया होता। हर रोज़ कई डॉक्टर बारी-बारी आते और मुझे लैबोरेटरी समझकर तजरबे शुरू कर देते। जैसे ये डॉक्टर

न हों, स्कूल के तालिब-ए-इल्म हों और मैं एक कॉपी होऊँ जिस पर वो होमवर्क कर रहें हों। पहले तो मैं समझा कि वो मेरे मर्ज़ से ख़ुश होने की वज्ह से सर-गर्म हैं लेकिन एक बार मैंने उन की ख़ुशी से बोर हो कर एक डॉक्टर से पूछा "जनाब! क्या आपको मरीज़ से मुहब्बत है या मर्ज़ से?"

वो बोला "मर्ज़ से! क्योंकि हम मरीज़ पर रिसर्च करके मर्ज़ तक पहुँचते हैं। आप पर रिसर्च करने से बनी-नौ-ए-इन्सान को भी फ़ायदा पहुँचेगा।"

"और अगर मैं न आता तो बनी-नौ-ए-इन्सान का क्या बनता?"

इस के जवाब में डॉक्टर ने अपने असिस्टेंट को हुक्म दिया। "इस मरीज़ की बी.सी.जी. भी कराई जाए। दिमाग़ में तवक़्क़ो से ज़्यादा ख़लल[17] मालूम होता है।"

लेकिन मैं जानता था कि मेरे दिमाग़ के ख़लल का सबब मेरी बे-पनाह मुसर्रत है, जो मरीज़ बनकर मुझे हासिल हो रही है। मैं ये सोचकर झूम उठा कि हस्पताल में मुझे बेहद रोमान्टिक माहौल मिलेगा। मैंने सुन रखा था कि कई आर्टिस्ट लोग हस्पताल में जाकर नॉवेल तक लिख डालते हैं और बीमारी को अदब-ए-आलिया में इज़ाफ़ा का बाइस बनाते हैं। उन में से कई एक नर्सों से प्यार भी करने लगते हैं बल्कि कई नर्सें तो नौकरी पर लात मार देती हैं और नॉवेल-निगार की रूह के नर्म गोशे में दुल्हन बनकर घुस जाती हैं।

दूसरे दिन जब मैं छम से किसी नर्स की आमद के इन्तज़ार में आँखें बन्द किए पड़ा था। किसी ने मेरा कन्धा झिंझोड़ा। ये

वाक़ई नर्स थी (मेरे मुतवक़्क़ो नॉवेल की मुतवक़्क़ो हीरोइन) मैंने आँख खोलकर देखा नर्स ख़ूबसूरत न थी, ख़ूबसूरत दुनिया के जिस्म पर एक चीथड़ा थी। उसने पहले मुझे सूँघा फिर माहौल को सूँघा और जैसे इसे एहसास हुआ कि माहौल ना-मुकम्मल है। इसलिए उसने मेरे बेड के सिरहाने एक मैले से गत्ते पर मेडिकल चार्ट लटका कर माहौल को मुकम्मल कर दिया। और मुझे यूँ महसूस हुआ जैसे इसने मेरी क़ब्र पर दिया जला दिया हो।

मेरी बीमारी उछलती, कूदती, छलाँगें लगाती हुई जब कई हफ़्ते उबूर कर गई तो मुझे शक़ होने लगा कि डॉक्टर हज़रात को ख़िदमत-ए-ख़ल्क़ से कोई दिलचस्पी नहीं है। इनकी हालत उस औरत से बेहतर नहीं है जो शौहर के लिए खाना तैयार करती है। शाम को सब्ज़ी वग़ैरह लाती है और सुब्ह दूध के डिपो की लम्बी क़तार में दो बोतलें लाने के लिए अपनी बारी का इन्तज़ार करती है। आम इस्तलाह में इसे गृहस्थी की ख़िदमत कहा जाता है लेकिन गृहस्थन से पूछा जाए तो वो उसे उकता देने वाली रूटीन का नाम देती है। मेरा ख़याल था और अफ़सोस-नाक हद तक ग़लत ख़याल था कि डॉक्टर जब मरीज़ की ख़िदमत करते हैं तो उसे इन्सानियत का उरूज समझते हैं। लेकिन जब मैंने जरा क़रीब हो कर देखा तो यूँ महसूस हुआ कि वो इन्सानियत से उकता चुके हैं। वो जब मरीज़ का ब्लड प्रेशर देखते हैं या उसके हार्ट, जिगर और फेफड़े की रिपोर्ट का मुताला करते हैं तो उन्हें यूँ महसूस होता है जैसे आलू छील रहें हों या सब्ज़ी में नमक मिर्च मसाले का तनासुब[18] पैदा कर रहें हों। डॉक्टर सचमुच अनार होते हैं

जिसके एक सौ नहीं हज़ारों बीमार होते हैं, हर बीमार समझता है ये अनार मेरे ही खाने के लिए है और डॉक्टर की बे-बसी है कि वो किसी मरीज़ से ये भी नहीं कह सकता "दोस्त! अनार के मुतअल्लिक़ तुम जो भी नुक़्ता-ए-निगाह[19] बना लो, मैं दख़ल न दूँगा लेकिन ज़ालिम! मुझे पाँच मिनट की तन्हाई तो अता कर दो ताकि मैं ख़िदमत-ए-ख़ल्क़ से बुलन्द होकर एक सिगरेट पी सकूँ।"

एक दिन मैंने डॉक्टर से पूछ लिया- "डॉक्टर साहब! आपके अन्दर ख़िदमत-ए-ख़ल्क़ का जज़्बा क्यूँ मर गया?" वो जैसे दो दूनी चार का पहाड़ा पढ़ते हुए बोले- "वो तो उसी दिन मर गया था जब मैंने इस हस्पताल में नौकरी के लिए बरसों अपने घुटने और माथा रगड़ा। निहायत ही भौण्डे, ग़ैर-इन्सानी शक्ल के डिप्टी मिनिस्टर को वक़्त का जहाँगीर और यूसुफ़ कहता था। इन्सानियत तो उस समाज के लिए अछूत का दर्जा रखती है।"

ये सुनकर मुझे शक हुआ कि मेरे जज़्बे अछूत हैं। डॉक्टर मेरे जज़्बों को हाथ लगाना नहीं चाहता। वो सिर्फ़ हस्पताल के मुर्दा क़ायदे-क़ानून के चौखटे में घूमे जा रहा है। इस चौखटे के बाहर की दुनिया अछूतों की दुनिया है। इस चौखटे में इन्सानियत दाख़िल नहीं हो सकती। डॉक्टर इस चौखटे से बाहर आकर अछूतों को छूना नहीं चाहता। जो मरीज़ हस्पताल में इस ख़याल से दाख़िल होता है कि डॉक्टर उसका इन्तज़ार कर रहा है और लपक कर मरीज़ के जिस्म में ख़िदमत-ए-ख़ल्क़ का इंजेक्शन दे देगा और नाच उठेगा। ऐसे मरीज़ को चाहिए कि वो अछूत ही रहे तो अच्छा है। डॉक्टर के लिए सब

मरीज़ बराबर हैं, सब बोर हैं, अछूत हैं। भौण्डे डिप्टी मिनिस्टर ने डॉक्टर से इन्सानियत छीन ली। अब तो वो किसी लेडी डॉक्टर से भी प्यार करने से पहले देख लेता है कि उसकी तनख़्वाह कितनी है?

अहबाब और रिश्तेदारों तक मेरे वार्ड और बेड नम्बर की बाक़ायदा इत्तला पहुँचा दी गई थी। एक दोस्त ने ख़ुलूस की बुलन्दियों पर खड़े होकर मशवरा दिया कि बेड नम्बर अख़बारों में छपवा दिया जाए। छप जाने के बाद अब वो अपने फ़र्ज़-ए-मंसबी[20] से छुटकारा पा गए और कभी हस्पताल में न आए। बाक़ायदा इत्तला के बावजूद (सुना है) यार दोस्त एक दूसरे से पूछते फिरते। "भाई! फ़िक्र साहब का बेड नम्बर कौन सा है?"

शुरू-शुरू में ख़ुलूस के मारों की आमद ज़ोरों पर रही। उनकी आमद पर मेरा दिल बल्लियों उछलता और मैं भूल जाता कि मैं बीमार हूँ। हर मुलाक़ाती ये झूठ बोलकर बहुत खुश होता "जी आप तो बिल्कुल भले-चंगे हैं वरना ऐसे आसाबी अमराज़[21] में तो इन्सान हड्डियों का ढाँचा बन जाता है।

ज्यों-ज्यों वो मेरा दिल बढ़ाते, मैं हड्डियों का ढाँचा बनता चला जाता। लेकिन फिर भी मेरा जी चाहता मेरी हड्डियों की मज़ीद तादाद नुमायाँ होती चली जाए ताकि मैं पुर्सान-ए-हाल की मुहब्बत के लज़ीज़ जाम लुटाता रहूँ। लेकिन मालूम होता था कि मेरी इस साज़िशी प्लानिंग का इल्म अहबाब और रिश्तेदारों को हो गया है आहिस्ता-आहिस्ता इनकी तादाद कम

होती गई। यहाँ तक कि एक दिन नजरों से बिल्कुल ओझल हो गई और मेरे बेड के पास सिर्फ़ चन्द शीशियाँ, एक मेडिकल चार्ट और एक बीवी रह गई। शायद पुर्सान-ए-हाल ने मेरे मर्ज़ की बू सूँघ ली कि ये मर्ज़ तूल-ए-शब-ए-फ़िराक़[22] की मानिन्द बढ़ गया है और ज़िन्दगी सिर्फ़ मर्ज़ के गिर्द तो नहीं घूमती। कई और अहम काम भी हैं। मसलन पतंग उड़ाना है, ब्लैक मार्केटिंग है, लड़कियों से छेड़ करनी है, पड़ोसियों से लड़ाई झगड़ा करना है। ग़रज़ सैंकड़ों ज़रूरी काम हैं। फ़िक्र तौंसवी का मर्ज़ ज़िन्दगी का एक हक़ीर सा हिस्सा है। एक घटिया सी रूटीन है। हुँह! सैंकड़ों मरीज़ हर रोज़ सुब्ह हस्पताल की ओ.पी.डी. की खिड़की के सामने क्यू बना कर खड़े हो जाते हैं। भला बीमार होना भी इन्सान की कोई बुनियादी ज़रूरत है?

और यूँ आहिस्ता-आहिस्ता मैं ग़ैर-दिलचस्प हो गया। हमदर्दी और ख़ुलूस का सैलाब एकदम तेज़ी से शाम के सूरज की तरह डूब गया। यहाँ तक कि डूबती शुआओं[23] की सुर्ख़ी भी नज़रों से ओझल हो गई और मैंने पहली बार महसूस किया कि मर्ज़ को आदत न बनाना चाहिए। इतनी बड़ी कायनात है और एक इन्सान इसमें एक बेहद मद्धम होता हुआ नुक़्ता है जिससे कोई लफ्ज़ नहीं बनता, कोई लकीर नहीं बनती। इस नुक़्ते पर इन्सानियत और मुहब्बत और ख़ुलूस वग़ैरह-वग़ैरह चीज़ों की बुनियाद रखना ख़ाली-ख़ाली जज़्बाती-पन है।

मुम्बई से एक अफ़साना-निगार दोस्त ने ख़त लिखा “तुम बड़े ख़ुश-क़िस्मत हो कि दिल्ली में बीमार पड़े हो और (सुना है) तुम्हारे पुर्सान-ए-हाल तुम्हारी इस बीमारी को ग़नीमत

समझ कर जौक़-दर-जौक़ तुम्हें पूछने के लिए भी आते रहते हैं लेकिन मेरी बद-बख़्ती कि मैं मुम्बई में बीमार हूँ जहाँ किसी को किसी की ख़बर नहीं कि किस हाल में है? यहाँ का हर फ़र्द अपने बदन की मुख़्तसर सी दुनिया के बाहर देख नहीं सकता। मैं समझता था इनके पास जज़्बात की कमी है लेकिन अब मालूम हुआ है, फ़ुर्सत की कमी है। जितने वक़्त में वो मुझे पूछने के लिए आएँ, उतने वक़्त में वो अपने मालिक-ए-मकान से तू-तू मैं-मैं कर सकते हैं जो मेरी बीमारी की ख़ातिर मुल्तवी नहीं की जा सकती। छह माह से अपने घर में पड़ा हुआ और किसी पुर्सान-ए-हाल को तरस आ गया हो। कल किसी ने मेरे कमरे का दरवाज़ा खटखटाया तो मैं बेहद जज़्बाती हो गया कि आख़िर किस पुर्सान-ए-हाल के दिल में ख़ुलूस जागा। मैं अटेंशन हो गया और मरीजों की तरह हाय-हाय करने लगा। नौ-वारिद ने पूछा- "साहब क्या बात है। आप तो कुछ बीमार मालूम होते हैं। किसी अच्छे डॉक्टर से इलाज कराइए। जल्दी तन्दुरुस्त हो जाइए क्योंकि हिन्दुस्तानी अदब को अभी आपसे बहुत उम्मीदें हैं। मैं आज 'बाई दि वे' आपके घर में एक ज़रूरी टेलीफोन करने आया था। इजाज़त हो तो कर लूँ?"

मुम्बई के इस दोस्त के ख़त से मुझे आबदीदा हो जाना चाहिए था। लेकिन मेरे पास थिएटर के एक प्रोड्यूसर दोस्त बैठे थे इसलिए मैंने जज़्बाती होना मुनासिब न समझा। क्योंकि वो कह रहे थे "फ़िक्र साहब! आप तो बीमारी से चिमट ही गए हैं। मैं पूछने आया था कि वो ड्रामा जिसके अभी तीन मन्ज़र क़लम-बन्द करना बाक़ी हैं, इनका क्या बनेगा? ड्रामे

का मुकम्मल होना तो बेहद ज़रूरी है।"

"जनाब-ए-मन! ड्रामे से ज़्यादा मेरी बीमारी ज़रूरी है। मैं तो ग़ुस्ल-ए-सेहत के बाद ही वो सीन लिख सकूँगा।" मैंने कहा। "आप जल्द अज़ जल्द तन्दुरुस्त हो जाइए। हमारा बड़ा नुक़्सान हो रहा है। ये लीजिए, आपके लिए आलूबुख़ारा लाया हूँ। खाइए और सोचिए कि क्या दौरान-ए-मर्ज़ आप ड्रामा मुकम्मल नहीं कर सकते?"

दुनिया सितमगर नहीं है बल्कि उसकी मजबूरी है क्योंकि उसे मर्ज़ से ज़्यादा अपने ड्रामे से मुहब्बत है और मुहब्बत के बग़ैर वो साँस नहीं ले सकती।

एक नज़्दीकी रिश्तेदार (कम से कम वो ब-दस्तूर मुझे रिश्तेदार कहते थे) बहुत संजीदा-ग़म अपनी पलकों पर थरथराते हुए मेरे बेड के पास आए, मेडिकल चार्ट उठाकर आँखों से लगाया और बोले- "ख़ुदा चाहेगा तो आप बहुत जल्द सेहतयाब हो जाएँगे।"

मैंने अर्ज़ किया- "आपको इतनी जल्दी क्या है?" वो रूहाँसे होकर बोले- "आप बीमारी में भी मज़ाक़ से बाज़ नहीं आते। आप की भतीजी के ब्याह का मसअला था। आप की बीमारी के बाइस अटका हुआ है। तारीख़ मुक़र्रर करना है, लड़के वाले बहुत परेशान कर रहे हैं। आप जानते हैं, कल-युग है, किसी की नीयत बदलते देर नहीं लगती।"

मैंने उनसे हमदर्दी करते हुए कहा- "ग़लती मेरी थी कि कल-युग में बीमार हुआ। आप ब्याह कर दीजिए, मेरी बीमारी पर भरोसा मत कीजिए।"

चन्द दिन बाद मालूम हुआ, उन्होंने ब्याह कर दिया है। मेरी आँख से एक आँसू भी न निकल सका जिसे मैं उनके दावती कार्ड पर गिरा सकता। अलबत्ता मैंने एक दानिशमन्दाना क़दम ज़रूर उठाया कि हस्पताल के क़वायद तोड़कर घर आ गया। पुर्सान-ए-हाल पर भरोसा करके बीमार रहते चला जाना मुझे ग़ैर-ज़रूरी मालूम हुआ।

घर आकर एक और क़रीबी रिश्तेदार का पैग़ाम मिला कि मेरा बड़ा लड़का जुए में गिरफ़्तार हो गया था। इस परेशानी में आपको पूछने के लिए हाजिर न हो सका। एक दस साला पुराने दोस्त को काग़ज़ की एक चिट लिखकर भिजवाई कि मैं तुम्हारे हिज्र में तड़प रहा हूँ, हस्पताल में नहीं आए तो घर पर ही आ जाओ! उसने उसी चिट की पुश्त पर जवाब दिया। "अब तुमने मुझे शर्मिन्दा करने की ठानी है इसलिए मैं तुम्हें शक्ल नहीं दिखा सकता। मैं तुम्हें नॉर्मल हालत ही में देख सकता हूँ। बीमार हालत में तुम्हें देखना मेरी क़ुव्वत-ए-बर्दाश्त से बाहर है।"

एक और दोस्त से कॉफ़ी हाउस में मुलाक़ात हुई। हँसकर बोले- "मैंने सुना तो ज़रूर था कि तुम बीमार हो, लेकिन मैंने सोचा मज़ाक़ करना तुम्हारी आदत है। शायद तुमने बीमारी से भी मज़ाक़ किया होगा। अब कैसे हो?"

उसके बाद हर रिश्तेदार और दोस्त के घर जाकर इत्तला दे आया कि मैं अब भी बीमार हूँ। इसलिए मौक़ा-ए-ग़नीमत है, आकर मेरी पुर्सिश-ए-हाल[24] कर जाओ। एक साहब उल्टे मुझसे शिकायत करने लगे- "वाह फ़िक्र साहब! आपने भी

कमाल कर दिया। मैं हस्पताल में आप की सूरत-ए-हाल पूछने को पहुँचा तो मालूम हुआ, आप डिस्चार्ज होकर घर चले गए। आख़िर इतनी भी क्या जल्दी थी?" एक दूसरे रिश्तेदार को दूसरी शिकायत थी- "मैं हस्पताल में दो घण्टे तक हड्डियाँ जोड़ने वाले वार्ड में आप को ढूँढता फिरा, लेकिन नाकाम लौट आया। कम-अज़-कम ये बताना तो आपका फ़र्ज़ था कि आप की हड्डी नहीं टूटी बल्कि आसाबी निज़ाम टूटा है।" मैंने माफ़ी माँगी और वादा किया कि आइन्दा मौक़ा मिला तो हड्डी ही तुड़वाऊँगा और हस्पताल से बाहर आकर मैंने महसूस किया कि दुनिया वैसी की वैसी ही है, किसी को किसी से दिलचस्पी नहीं। हर आदमी एक दूसरे के साथ क़हक़हे लगाने में मसरूफ़ है। उनकी महफ़िल में कौन आया, कौन मर गया, किस की हड्डी टूट गई, किसकी आँख फूट गई, कौन दिवालिया हो गया, किसकी लॉटरी निकल आई? इन तमाम तब्दीलियों से बे-नियाज़ इस दुनिया का हर आदमी अपने ही चन्द साँसों में मगन है और मुझे भी अपनी उन महफिलों में उन्होंने यूँ खपा लिया जैसे मैं कभी बीमार न हुआ था और जैसे कि मैं उनकी ख़ातिर बीमार नहीं हुआ था बल्कि अपने बदन की आज़माइश करने के लिए बीमार हुआ था।

अलबत्ता पुर्सान-ए-हाल अब भी शायद ख़ुलूस-ओ-मुहब्बत के मारे मुझे मुझसे मेरी सेहत के बारे में पूछ लेते हैं और इस बात पर बहुत अफ़सोस का इज़हार करते हैं कि मैं निहायत ग़लत दवाएँ लेता रहा। वो मुझे मशवरा देते हैं, मुख़्तलिफ़ नुस्ख़े बताते हैं कि मैं इन पर अमल करूँ तो बिल्कुल तन्दुरुस्त हो जाऊँगा। बल्कि एक दोस्त तो मुझे अपने

घर ले गए और मेरे हाथ में दवा की एक शीशी थमाते हुए बोले- "इसे इस्तेमाल कीजिए। तीर-ए-ब-हदफ़[25] है!"

"आपने डॉक्टरी का ये फ़न कहाँ से सीखा?" मैंने उनसे पूछा।

वो गर्दन फुला कर बोले- "अजी मेरे वालिद साहब अत्तार थे!" और मैं गर्दन झुकाकर गुनगुनाने लगा।

'मीर' क्या सादा हैं बीमार हुए जिसके सबब
उसी अत्तार के लड़के से दवा लेते हैं

* * *

---

1. नाभी के नीचे 2. पाँव की डगमगाहट 3. अल्लाह तआला 4. सीधा रास्ता 5. आनन्द 6. रोगमुक्त होना 7. ज़ंग लगा हुआ 8. ख़ुश्बूदार झाड़ी और तुलसी का पौधा 9. हीरे-मोती 10. बिना घास-पात के 11. छुपा हुआ 12. रहस्य खोलना 13. वंचित 14. भावना भड़काने वाला 15. वारिसीन 16. क़ब्र में 17. ख़राबी 18. अनुपात 19. दृष्टि कोण 20. ओहदे का फ़र्ज़ 21. शारीरिक रोग 22. लम्बी जुदाई की रात 23. किरणें 24. हाल-चाल मालूम करना 25. अचूक (निशाने पर लगा तीर)

कुछ सवाल, कुछ जवाब

सवाल: सोशलिज़्म के नारे की कितनी अहमियत है?
जवाब: अमीरों की डाइनिंग टेबल के एक लुक़्मे की।

सवाल: वो लोग कहाँ गए जो कहा करते थे मुल्क में इन्क़लाब लाएँगे?
जवाब: वो मुन्दरजा-ज़ैल मुक़ामात पर मिल जाएँगे।
(1) पब्लिक पार्क में गली-सड़ी मूँगफलियाँ खाते हुए।
(2) राजमहलों में पिस्ते खाकर मूँगफलियों पर आँसू बहाते हुए।

सवाल: आशिक़ों और बूढ़ों को नीन्द क्यों नहीं आती?
जवाब: आशिक़ों को महबूबा और बूढ़ों को मौत के इन्तज़ार में। दोनों न जाने कब टपक पड़ें।

सवाल: वो कौन सी आँख है जो रोती नहीं मगर आँसू बहाती है?
जवाब: लीडर की आँख।

सवाल: इस दुनिया से नाता कब तोड़ना चाहिए?
जवाब: जब दुनिया आपसे नाता तोड़ ले।

सवाल: अपने हुस्न का ठीकरा लेकर मैंने कई मकानों के किवाड़ खटखटाए, लेकिन किसी ने मुझे भीक नहीं दी?
जवाब: आप ने ख़ाली मकानों के दर खटखटाए होंगे।

सवाल: गाय की ख़िदमत करना बेहतर है या इन्सान की?
जवाब: गाय की, क्योंकि इन्सान की ख़िदमत करेंगे तो वो आपकी गाय भी चुरा लेगा।

सवाल: क्या ये सच है कि महबूबा की आवाज़ कानों में रस घोल देती है?
जवाब: ये कानों की क्वालिटी पर मुन्हसिर है।

सवाल: इन्सान दूसरों की नज़र में गिरना क्यों पसन्द नहीं करता?
जवाब: क्योंकि अपनी ही नज़र में गिरना काफ़ी होता है।

सवाल: बहादुर शाह ज़फ़र ने ये शेर क्यों लिखा था?
है कितना बदनसीब ज़फ़र दफ़्न के लिए
दो गज़ ज़मीं भी न मिली कू-ए-यार में
जवाब: उन दिनों दिल्ली में ज़मीन बहुत महँगी होगी और बहादुर शाह ज़फ़र की इक़्तिसादी पोज़ीशन बड़ी नाज़ुक थी।

सवाल: कहते हैं पॉलिटिक्स बहुत ग़लीज़ गेम होती है तो फिर अच्छे आदमी उसमें क्यों फँसते हैं?

जवाब: आपसे किस ने कहा कि वो अच्छे आदमी होते हैं?

सवाल: फूल कब पत्थर बन जाते हैं?
जवाब: जब कोई ख़ूबसूरत लड़की लेडी पुलिस में भर्ती हो जाती है।

सवाल: मैं किसी भैंस के आगे बीन बजाना चाहता हूँ, किसी माक़ूल भैंस का पता बताइए।
जवाब: फ़िक्र तौंसवी, मार्फ़त गुल-मोहर पार्क, दिल्ली।

सवाल: इश्क़ का आग़ाज़ क्या होता है और अंजाम क्या?
जवाब: उस इश्क़ का आग़ाज़ ही नहीं होता जिसका अंजाम हो जाए।

सवाल: मेरे इश्क़ का सूरज ग़ुरूब हो गया है यानी मेरी महबूबा की शादी हो गई है। लेकिन वो अभी तक मेरे ख़्वाबों में क्यों आ जाती है?
जवाब: सूरज डूबने के बाद कुछ देर तक उसकी किरनें काँपती रहती हैं।

सवाल: लव-मैरिज के बाद कौन सी मंज़िल होती है?
जवाब: आलू गोभी की।

सवाल: जब लीडर स्टेज पर तक़रीर कर रहा होता है तो क्या सोचता है?
जवाब: लीडर सोचे बग़ैर तक़रीर करता है।

सवालः शुनीद में आया है कि जब फ़िल्म ऐक्ट्रेसों के हाँ बच्चा तवल्लुद होता है तो वो उसे अपना दूध नहीं पिलातीं, इसकी वज्ह क्या होगी?

जवाबः वो दलील देती हैं कि हम माएँ हैं, मिल्क बूथ नहीं हैं।

सवालः बेवक़ूफ़ दोस्त कौन होता है और दाना दुश्मन कौन?

जवाबः पतिव्रता स्त्री और जनता का लीडर।

सवालः आजकल के लोग ग्लिसरीन के आँसू बहाते हैं। असली आँसू क्यों नहीं बहाते?

जवाबः ग्लिसरीन के आँसू सस्ते पड़ते हैं।

सवालः ख़रबूज़े को देखकर ख़रबूज़ा रंग पकड़ता है। कैसे?

जवाबः जैसे जेब-कतरे को देखकर पुलिस वाला रंग पकड़ता है।

सवालः वो कौन से मुअज़्ज़ज़ीन हैं जो हिन्दुस्तान और पाकिस्तान को एक निगाह से देखते हैं?

जवाबः स्मगलर।

सवालः राजा इन्द्र के दरबार में जो अप्सराएँ रक़्स करती थीं, वो आजकल कैबरे डांसर बन गई हैं तो राजा इन्द्र कहाँ गए?

जवाबः ब्लैक में कैबरे डांसर की टिकटें बेचता है।

सवालः हिन्दुस्तानी सोशलिज़्म से सबसे बड़ा ख़तरा किस को है?

जवाबः सोशलिज़्म को।

सवाल: चाँद में जो बुढ़िया बैठी चर्ख़ा काता करती थी, वो कहाँ गई?
जवाब: टेक्सटाइल में नौकर हो गई।

सवाल: आशिक़ को किस वक़्त भयानक सपने आने लगते हैं?
जवाब: जब महबूबा तंग आकर ब्याह का मुतालिबा कर बैठे।

सवाल: मैं किसी अमीर-ओ-कबीर हसीना की रिफ़ाक़त में घूमना चाहता हूँ। कोई मुजर्रब नुस्ख़ा बताइए।
जवाब: उसकी कार के ड्राइवर बन जाइए।

सवाल: शादी अगर इश्क़ की क़ब्र है तो बच्चे?
जवाब: क़ब्र के मुजाविर।

सवाल: अगर इन्सान तन्हा हो तो कैसा लगता है?
जवाब: ख़ुदा, क्योंकि वो भी लाशरीक है।

सवाल: मेरे वालिद साहब मेरी माँ के साथ जब भी झगड़ा करते हैं तो उसे ताना देते हैं कि तुम तो पिछले जन्म में भैंस थीं... मेरे वालिद साहब को किस तरह मालूम हुआ?
जवाब: वो गुज़िश्ता जन्म में डेरी का मालिक होगा और भैंस के दूध में पानी मिलाता होगा।

सवाल: आपने एक-बार लिखा था हसीन लड़कियाँ बेवक़ूफ़ होती हैं। लेकिन मैं हसीन भी हूँ और बेवक़ूफ़ भी नहीं।

जवाब: हर हसीन लड़की बेवक़ूफ़ तो होती है लेकिन हर बेवक़ूफ़ लड़की हसीन नहीं होती।

सवाल: साली आधी घरवाली होती है तो साला?
जवाब: पूरा चपरासी।

सवाल: मेरी महबूबा अक्सर मुझसे कहती है, मेरे डैडी से बात करो। आख़िर उसके डैडी से क्या बात करूँ?
जवाब: जहेज़ की।

सवाल: जो मस्जिद में बैठ कर शराब पीते हैं, वो कौन होते हैं?
जवाब: एक्साइज़ इंस्पेक्टर।

सवाल: मेरा दादा जुआरी था। बाप जेब-कतरा था। मैं स्मगलिंग का काम करता हूँ। मेरा बेटा क्या बनेगा?
जवाब: लीडर।

सवाल: औरत नाक़ाबिल-ए-फ़हम क्यों है?
जवाब: क्योंकि वो भी ख़ालिक़ है... ख़ुदा की तरह।

सवाल: आइडियल शादीशुदा जोड़ा कैसा होता है?
जवाब: होता ही नहीं।

सवाल: दाना-ए-गन्दुम खाने में क़ुसूर किस का था? आदम का या हव्वा का?
जवाब: मेरे ख़याल में ये दाना-ए-गन्दुम का क़ुसूर था।

सवाल: कई औरतें उम्र भर शादी क्यों नहीं करतीं?

जवाब: वो ग़ुरूर-ए-हुस्न में कुँवारी रह जाती हैं।

सवाल: औरत को पाँव की जूती क्यों कहा जाता है?

जवाब: क्योंकि ख़ाविन्द उसी जूती से अपने सर की मरम्मत करता है।

सवाल: औरत किस वक़्त सबसे ज़्यादा हसीन मालूम होती है?

जवाब: जब वो बच्चे की माँ बन जाती है।

सवाल: मियाँ-बीवी की अज़दवाजी ज़िन्दगी क्यूँकर ख़ुशगवार हो सकती है?

जवाब: अन्धे बन कर, ताकि दोनों एक दूसरे के ऐबों को न देख सकें।

सवाल: मैं अपनी महबूबा को उसकी शादी पर एक तोहफ़ा देना चाहता हूँ, बताइए कौन सा तोहफ़ा दूँ?

जवाब: उसके पुराने लव लेटर।

सवाल: औरत की गुफ़्तगू का लज़ीज़-तरीन मौज़ू क्या होता है?

जवाब: कपड़ों के डिज़ाइन और पड़ोसनों की ग़ीबत।

सवाल: ख़ुदा ने ख़ूबसूरत औरतों को हुस्न अता कर दिया, भौण्डी औरतों को क्या दिया?

जवाब: अक़्ल।

सवाल: जिस औरत के पाँव की एड़ियाँ मैली हों?

जवाब: वो ज़रूर गृहस्थन होगी।

सवाल: अक़्ल-मन्द आदमी और एक भैंस में क्या फ़र्क़ होता है?

जवाब: अक़्ल-मन्द आदमी भूखों मरता है मगर भैंस को हर रोज़ चारा मिल जाता है।

सवाल: मेरा एक लड़का निहायत ज़हीन है मगर दूसरा बड़ा नालायक़ है। एक बाप के दो बेटे मगर क़िस्मत जुदा-जुदा क्यों है?

जवाब: उनमें से एक अपनी माँ पर गया होगा।

सवाल: ख़ुदाई फ़ौजदार से क्या मुराद है?

जवाब: जो ख़ुदा की फ़ौज में मुलाज़िम हो मगर तनख़्वाह मख़्लूक़ से वसूल करता हो।

सवाल: क्या एक हसीन औरत एक बद-सूरत मर्द से भी मुहब्बत कर सकती है?

जवाब: आप करके देख लीजिए।

सवाल: अच्छे पड़ोसी की क्या पहचान है?

जवाब: जो आपसे डर कर ख़ामोश रहता हो।

सवाल: मैंने बहुत से ऐसे आदमी देखे हैं जो सुनते ज़्यादा हैं मगर बोलते कम हैं। ऐसे आदमियों के बारे में आपकी क्या राय है?

जवाब: ऐसे आदमी या तो बहुत ज़्यादा जाहिल होते हैं या बहुत ज़्यादा अक़्ल-मन्द, दोनों से बचना चाहिए।

सवाल: मुझे तारीकी में बड़ा सुकून मिलता है लेकिन रौशनी से बेहद घबराता हूँ। इसकी क्या वज्ह है?
जवाब: आपके मन में कोई चोर है।

सवाल: दुनिया से त्याग किस वक़्त इख़्तियार करना चाहिए?
जवाब: जब दुनिया आपको त्याग दे।

सवाल: साँई बाबा, ख़ुदकुशी के बारे में आपका क्या ख़याल है?
जवाब: बस ये कि नाकाम ख़ुदकुशी नहीं करनी चाहिए वर्ना पुलिस पकड़ कर ले जाती है।

सवाल: मेरे एक दोस्त की बेटी है जो एक बन्द किताब की तरह है। ऐसा मालूम होता है उसे किसी ने खोल कर नहीं देखा।
जवाब: कई किताबें ऐसी होती हैं जिनका कवर पेज ही देखकर लोग रख देते हैं।

सवाल: मेरा ख़ाविन्द क्लर्क है। दफ़्तर से घर आते ही सीधा छत पर चला जाता है और एक लड़की को घूरता रहता है। इससे आख़िर क्या हासिल होता है?
जवाब: ओवर टाइम।

सवाल: ख़ुदा ने आदम को पैदा करके ग़लती की तो फिर

हव्वा को क्यों पैदा कर डाला?
जवाब: ग़लती की तस्हीह के लिए।

सवाल: इश्क़ अगर पासपोर्ट है तो शादी क्या है?
जवाब: बच्चे पैदा करने का वीज़ा।

सवाल: हसीन-ओ-जमील लड़की अगर विलायती शराब है तो तवायफ़ क्या है?
जवाब: देसी ठर्रा।

सवाल: वो किस क़िस्म के मियाँ-बीवी होते हैं जो एक दूसरे को तलाक़ नहीं देते?
जवाब: जो पहले ही तलाक़-याफ़्ता हों।

सवाल: मेरा ख़ाविन्द अपने आपको गधा क्यों कहता है। हालाँकि वो बहुत अक़्ल-मन्द है।
जवाब: गुस्ताख़ी मुआफ़, अक़्ल-मन्द होता तो क्या आपसे शादी करता।

सवाल: फ़िक्र साहब, अगर पच्चास साल का कोई मर्द बीस साल की लड़की से शादी करले तो क्या लगेगा?
जवाब: वो बयक-वक़्त बाप भी लगेगा और ख़ाविन्द भी।

सवाल: औरत की आँखों में ख़ुशी के आँसू कब आते हैं?
जवाब: ख़ुशी के आँसू... औरत जब डोली में बैठती है।

सवाल: नौ-ज़ाइदा बच्चा अपनी मुट्ठी कब खोलता है?

जवाब: जब वो ख़ैरात के लिए हाथ फैलाता है।

सवाल: बच्चा पैदा होते ही क्यों रोता है?
जवाब: माँ-बाप के मुस्तक़बिल पर।

सवाल: क्लर्क को अपनी बीवी के चाल-चलन पर शुब्हा कब होता है?
जवाब: जब वो ख़ाविन्द की जेबें टटोलना बन्द कर दे।

सवाल: मुझे कई बार ठोकर लगी, मगर फिर भी अक़्ल क्यों नहीं आती?
जवाब: ठोकर लगाने वाले आपसे ज़्यादा अक़्ल-मन्द होंगे।

सवाल: औरत अगर जूठा बर्तन है तो फिर मर्द क्या है?
जवाब: बर्तन की जूठ।

सवाल: जो बहू अपनी सास को माँ का मर्तबा दे, वो कहाँ है?
जवाब: वो अभी माँ के पेट में है।

सवाल: सोशलिज़्म क्यों लेट हो गया?
जवाब: बेचारे के पास बस का किराया नहीं है।

सवाल: हमारे मुहल्ले का एक ब्लैक मार्केटिया हर रोज़ मन्दिर क्यों जाता है?
जवाब: ये देखने कि चढ़ावे की ब्लैक किस तरह की जा सकती है।

सवाल: चोर-बाज़ार में कब क्लाइमैक्स पैदा होगा?

जवाबः जब मिलावटी चीज़ें भी चोर-बाज़ार में मिला करेंगी।

सवालः हमारे मुल्क में आबादी पचपन करोड़ है। उनमें बेवक़ूफ़ कितने हैं और अक़्ल-मन्द कितने?

जवाबः बेवक़ूफ़ पचपन करोड़, अक़्ल-मन्द पचपन करोड़।

सवालः पहले ज़माने में लोग धर्म की ख़ातिर फाँसी पर चढ़ जाते थे। आजकल क्यों नहीं चढ़ते?

जवाबः आजकल वो धर्म को ही फाँसी पर चढ़ा देते हैं।

सवालः मन में कँवल खिलते हैं, तन पर क्यों नहीं खिलते?

जवाबः कँवल ग़लीज़ जगह पर खिलता है, मगर तन को लोग साफ़-सुथरा रखते हैं।

सवालः मैंने एक फ़िल्म देखकर जेब काटने का गुर सीख लिया। लेकिन सिनेमा हाल से निकलते वक़्त मेरी अपनी जेब कट गई, क्यों?

जवाबः उस जेब-कतरे ने वो फ़िल्म दो मर्तबा देखी होगी।

सवालः अगर भैंस को अक़्ल आ जाए तो वो क्या करेगी?

जवाबः अपने दूध में आप ही पानी मिलाया करेगी।

सवालः ख़ुदा की परस्तिश करनी चाहिए या महबूबा की?

जवाबः जिसमें ख़र्चा कम हो।

सवालः तराज़ू में एक तरफ़ हसीना बैठी हो, दूसरी तरफ़ करेंसी नोट, तो आप किसे तर्जीह[1] देंगे?

जवाबः हसीना से ब्याह कर लूँगा। करेंसी नोटों को जहेज़

समझ लूँगा।

सवालः जब कोई नई कोठी बन जाती है, तो उस पर काली हाण्डी क्यों लटका देते हैं?

जवाबः इनकम-टैक्स वालों को डराने के लिए।

सवालः अगर चोर लीडर बन जाए तो सबसे पहला काम क्या करेगा?

जवाबः चोरों की ट्रेड यूनियन बनाएगा।

सवालः भिखारी को दान पैसा देते वक़्त दाता का हाथ काँपता क्यों है?

जवाबः किसी धन्धे में पूँजी लगाते वक़्त रिस्क का एहसास तो होता ही है।

सवालः अगर कोई बद-दियानत शख़्स दियानतदार बन जाए तो उसे क्या कहेंगे?

जवाबः ख़ुदकुशी।

सवालः जब ख़ुदा हर वक़्त मेरे दिल में रहता है, तो बताइए मेरा और ख़ुदा का क्या रिश्ता है?

जवाबः आप मालिक मकान... ख़ुदा किराएदार।

सवालः क्या जन्नत में भैंसें होती हैं?

जवाबः क्या आपका प्रोग्राम वहाँ भी मिलावट करने का है।

सवालः एक शायर, एक आशिक़, दोनों में कोई फ़र्क़ है?

जवाबः हाँ है,शायर, शायरी की बाँसुरी तैयार करता है।

आशिक़ उस बाँसुरी को बजाता है।

सवाल: कल महबूबा ने मुझे लफ़ंगा कह दिया, मगर मैंने बुरा नहीं माना... क्यों?

जवाब: सच्ची बात पर कोई बुरा नहीं मानता।

सवाल: एक हाथ से ताली कैसे बजती है?

जवाब: किसी हसीना से थप्पड़ खाकर देखिए।

सवाल: शादी के बाद बच्चे पैदा करने चाहिए तो बच्चे पैदा करने के बाद क्या करना चाहिए?

जवाब: दफ़्तर में ओवर टाइम।

सवाल: मैं राष्ट्रपति भवन ख़रीदना चाहता हूँ, सौदा करा दीजिए।

जवाब: करा दूँगा लेकिन मालिक मकान का ऐड्रेस नहीं मिल रहा।

सवाल: शरीफ़ आदमी की पहचान क्या है?

जवाब: जो चोर से कहे, भैया ख़ाली हाथ लौटने पर तुमसे मुआफ़ी माँगता हूँ।

सवाल: दुल्हन के हसीन ख़्वाब कब टूटते हैं?

जवाब: जब वो राशन डिपो के क्यू में जाकर खड़ी हो जाती है।

सवाल: मैंने उसे कहा, 'इश्क़ करोगी?' तो उसने एक ठण्डी

साँस भरी और कहा... बताइए उसने क्या कहा होगा?
जवाब: ये कि सॉरी, आप लेट हो गए।

सवाल: ज़िन्दगी में परेशानी का इलाज क्या है? स्मगलिंग या ख़ुदा की इबादत?
जवाब: स्मगलिंग के बाद ख़ुदा की इबादत।

सवाल: वो ख़्वाब में हाँ कह देती है, बेदारी में ना कर देती है। बताइए वो कौन है?
जवाब: आपकी बीवी।

सवाल: बच्चा अपनी माँ को क्या समझता है?
जवाब: दूध की डेरी।

सवाल: मैंने शादी की तो बीवी को देखकर यूँ लगा, जैसे लॉट्री का टिकट निकला है। उस टिकट पर मुझे कितना ईनाम मिलेगा?
जवाब: तीन बच्चे।

सवाल: दौर-ए-हाज़िर की औलाद अपने वालिदैन के बारे में क्या सोचती है?
जवाब: जवाब में एक लतीफ़ा अर्ज़ है। एक नौजवान ने दूसरे से कहा, चलो दोस्त आज एक फ़िल्म देख आएँ। वो बोला, नहीं दोस्त, मैंने डैडी से नहीं पूछा। पहले नौजवान ने कहा, यार तुम ने डैडी को बहुत लिफ़्ट दे रखी है।

सवाल: मैंने अपना नाम तौंसवी रख लिया है। मुझे तो ये नाम

बहुत ज़लील लगा?

जवाब: ज़लील न होता तो क्या आप रख लेते?

सवाल: शेर सिर्फ़ एक बच्चा क्यों पैदा करता है?

जवाब: फ़ैमिली प्लैनिंग।

सवाल: मैं किसी ऐसी बीवी से शादी करना चाहता हूँ जो बोले नहीं, सिर्फ़ मेरे हुक्म की तक्मील करे। कोई आपकी निगाह में है?

जवाब: हाँ है, आप एक बाइसिकल ख़रीद लीजिए।

सवाल: महबूबा और लीडर में कौन सी चीज़ मुशतरक[2] है?

जवाब: वादा-शिकनी।

सवाल: अगर महबूबा सिर्फ़ उर्दू जानती हो और आशिक़ सिर्फ़ अंग्रेज़ी तो आप उनके इश्क़ को क्या कहेंगे?

जवाब: ऐंग्लो इंडियन।

सवाल: मेरी एक रिश्तेदार ख़ातून ने परसों दसवीं लड़की को जन्म दिया है। आख़िर वो चाहती क्या है?

जवाब: घर में गर्ल्स स्कूल खोलना।

सवाल: एक वालिद और एक सुसर में क्या फ़र्क़ है?

जवाब: कुछ नहीं, दोनों एक दूसरे का ग़लत तर्जुमा हैं।

सवाल: कॉल बेल और कॉल-गर्ल में क्या फ़र्क़ होता है?

जवाब: कॉल बेल बजाई जाती है। कॉलगर्ल ख़ुद-ब-ख़ुद

बज उठती है।

सवाल: कचहरी के वकील और कोठे की तवायफ़ में कौन सी चीज़ मुश्तरक है?
जवाब: गाहक।

सवाल: अगर जनता अपने लीडर को बेईमान कह दे तो लीडर क्या जवाब देगा?
जवाब: ये कि मैं इस पर ग़ौर करूँगा।

सवाल: इन्सान गिरी हुई चीज़ को उठा लेते हैं मगर गिरे हुए इन्सान को क्यों नहीं उठाते?
जवाब: कूड़ा करकट को उठाना अच्छा नहीं समझा जाता।

सवाल: नास्तिक किस की पूजा करता है?
जवाब: अपनी।

सवाल: कई लोग अपनी क़ब्र आप क्यों खोदते हैं?
जवाब: खुदाई के पैसे बचाने के लिए।

सवाल: अगर किसी लीडर में क़ौम का दर्द अचानक रुपए-पैसे के दर्द में बदल जाए तो आप उसे क्या कहेंगे?
जवाब: दर्दनाक।

सवाल: राम राज और जनता राज में क्या फ़र्क़ है?
जवाब: राम राज में दिया और तेल मिल जाता है। मगर जनता राज में सिर्फ़ दिया मिलता है, तेल नहीं।

सवालः जब आशिक़ और महबूबा एक दूसरे की बात न मानें तो क्या होता है?
जवाबः मैच ड्रॉ हो जाता है।

सवालः पिछले दिनों ख़बर आई थी कि कुछ सवर्ण हिन्दुओं ने चन्द हरिजन औरतों की हत्या कर डाली। आप उसे क्या कहेंगे?
जवाबः गऊ हत्या।

सवालः लोगों ने पैसे को भगवान बना लिया है, तो असली भगवान को क्या कहा जाए?
जवाबः खोटा सिक्का।

सवालः मैं बावजूद ख़्वाहिश के ज़िन्दगी की ऊँची मंज़िल पर नहीं पहुँचा, कारण?
जवाबः लिफ़्ट ख़राब होगी।

सवालः इन्सान और भगवान में क्या रिश्ता है?
जवाबः दोनों एक दूसरे की तख़्लीक़ हैं।

सवालः उस हीरोइन का नाम बताइए जिसने हमेशा एक हीरो के साथ रोल किया हो?
जवाबः आपकी बीवी।

* * *

---

1. वरीयता 2. संयुक्त

लुग़ात-ए-फ़िक्री

इलेक्शन: एक दंगल है जो वोटरों और लीडरों के दरमियान होता है और जिसमें लीडर जीत जाते हैं, वोटर हार जाते हैं।

इलेक्शन पिटीशन: एक खम्बा जिसे हारी हुई बिल्ली नोचती है।

वोट: च्यूँटी के पर, जो बरसात के मौसम में निकल आते हैं।

वोटर: आँख से गिर कर मिट्टी में रुला हुआ आँसू जिसे इलेक्शन के दौरान मोती समझ कर उठा लिया जाता है और इलेक्शन के बाद फिर मिट्टी में मिला दिया जाता है।

वोटर्स लिस्ट: जौहरी की दुकान पर लटकी हुई मोतियों की लड़ियाँ।

उम्मीदवार: बड़े-बड़े अक़्ल-मन्दों को भी बेवक़ूफ़ बनाने वाला अक़्ल-मन्द।

ज़र-ए-ज़मानत: कुएँ में फेंकी हुई रक़म, जो अक्सर डूब

जाती है।

इन्तख़ाबी जल्सा: एक तम्बूरा जिस पर बे-सुरे गाने गाए जाते हैं।

चुनाव मैनीफ़ेस्टो: जिसमें बाद में तोड़ने के लिए वादे किए जाते हैं।

इन्तख़ाबी तक़रीर: इलेक्शन के जंगल में गीदड़ों का नग़मा कि मेरा बाप बादशाह था।

इन्तख़ाबी झण्डे: रंगारंग पतंगों की दुकान।

इन्तख़ाबी पोस्टर: उम्मीदवार का शजरा-ए-नसब[1]। उसके ख़ानदान की मुकम्मल तारीख़।

डोर टू डोर कन्वेसिंग: दर-दर की ख़ाक छानने का शौक़।

पोलिंग एजेंट: उम्मीदवार का चमचा।

बोगस वोट: एक झूठ, जो सच्चे आदमी इलेक्शन के दिनों में बोलते हैं।

इलेक्शन का ख़र्चा: जुए पर लगाई हुई नक़दी।

चुनाव के नताइज: लड़ाई ख़त्म होने के बाद मैदान-ए-जंग में गिनती का अमल कि (1) कितने ढेर हुए। (2) कितने ज़ख़्मी हुए (3) कितने बच निकले।

महबूबा: एक क़िस्म की ग़ैर-क़ानूनी बीवी।

बीवी: महबूबा का अंजाम।

बाइसिकल: क्लर्क बाबू की दूसरी बीवी।

क्लर्क: एक गीदड़ जो शेर का जामा पहन कर कुर्सी पर बैठता है।

ख़ुदा: वहम और हक़ीक़त के दरमियान डोलता हुआ पेण्डुलम।

इश्क़: एक मुअज़्ज़ज़ क़ैदी जिसे जेल में हमेशा ए क्लास मिलती है

काग़ज़: कोरा हो तो बे-ज़रर, लिखा जाए तो ज़रर-रसाँ[2]।

बेरोज़गारी: इज़्ज़त हासिल करने से पहले बेइज़्ज़ती का तज्रबा।

करप्शन: एक ज़हर जिसे शहद की तरह मज़े ले-ले कर चाटा जाता है।

सियासत: पैसे वालों की अय्याशी और बिन पैसे वालों के गले का ढोल।

बीवी: एक लतीफ़ा जो बार-बार दोहराने से बासी हो जाता है।

सच्चाई: एक चोर जो डर के मारे बाहर नहीं निकलता।

झूठ: एक फल जो देखने में हसीन है, खाने में लज़ीज़ है लेकिन जिसे हज़म करना मुश्किल है।

जम्हूरियत: एक मन्दिर जहाँ भक्त लोग चढ़ावा चढ़ाते हैं और पुजारी खा जाते हैं।

इश्क़: ख़ुदकुशी करने से पहले की हालत।

ग़रीबी: एक कशकोल[3] जिसमें अमीर लोग पैसे फेंक कर

अपने गुनाहों की तादाद कम करते हैं।

शायर: एक परिन्दा जो उम्र भर अपना गुम-शुदा आशियाना ढूँढता रहता है।

लीडर: दूसरों के खेत में अपना बीज डाल कर फ़सल उगाने और बेच खाने वाला।

क़ब्रिस्तान: मुर्दा इन्सानों का हाल, ज़िन्दा इन्सानों का मुस्तक़बिल।

उम्मीद: एक फूल जो कभी बंजर ज़मीन को ज़र-ख़ेज़ बना देता है और कभी ज़र-ख़ेज़ ज़मीन को बंजर।

ख़ुशामद: कमज़ोर की ताक़त और ताक़तवर की कमज़ोरी।

ढिठाई: सिर्फ़ जिस्म ही जिस्म, रूह ग़ायब।

शराफ़त: एक ऐनक जिसे अन्धे लगाते हैं।

तालीम: अनपढ़ लोगों को बेवक़ूफ़ बनाने का हथियार।

बहादुर: आग को पानी समझ कर पी जाने वाला कम-इल्म।

अंधेरा: शैतान का घर जिसे ख़ुदा अपने हाथ से तामीर करता है।

रसोईघर: गृहस्थ औरतों की राजधानी।

गृहस्थ औरत: गृहस्थ मर्द की गाड़ी का पेट्रोल पम्प।

महल: झोंपड़ी के मुक़ाबले पर खींची हुई बड़ी लकीर।

तालिब-ए-इल्म: एक प्यासा जिसे समुन्दर में धक्का दे दिया जाता है और वो उम्र भर डुबकियाँ खाता रहता है।

जेब-कतरा: एक शरारती छोकरा जो दूसरों की बाइसिकल में पिन चुभो कर उसकी हवा निकाल देता है और भाग जाता है।

सड़क: एक रास्ता जो जन्नत को भी जाता है और जहन्नुम को भी।

जन्नत: एक ख़्वाब।

जहन्नुम: उस ख़्वाब की ताबीर।

पैसा: एक छिपकली जो इन्सान के मुँह में आ गई है और अब उसे खाए तो कोढ़ी, छोड़े तो कलंकी।

दरिया: जिसके किनारे घर बनाओ तो उसे जोश आ जाता है और घर को बहा ले जाता है लेकिन अगर उसमें डूबने के लिए जाओ तो हमेशा सूखा मिलता है।

ख़ुदकुशी: जायज़ चीज़ का ना-जायज़ इस्तेमाल।

कुर्सी: जिस पर बैठ कर अक़्ल-मन्द आदमी बेवक़ूफ़ बन जाता है।

नेकी: जिसे पहले ज़माने में लोग दरिया में डाल देते थे। आजकल मण्डी में बराए फ़रोख़्त भेज देते हैं।

अख़बार: एक फल जो तस्कीन के लिए खाया जाता है मगर खाते ही बेचैनी पैदा कर देता है।

मय-गुसार[4]: रात का शहंशाह, सुब्ह का फ़क़ीर।

तवायफ़: डिस्पोज़ल का माल जिसे औने-पौने दाम पर नीलाम करके बेच दिया जाता है और बढ़-चढ़ कर बोली देकर दुबारा ख़रीद लिया जाता है।

ख़ुदा: इन्सान की वो कमज़ोरी जिससे वो ताक़त हासिल करता है।

दोस्त: दुश्मनी से पहले की एक मंज़िल।

दुश्मन: दोस्ती का अंजाम।

मेहमान: जिसके आने पर ख़ुशी और जाने पर और ज़्यादा ख़ुशी होती है।

डॉक्टर: जो बीमारों से हँस-हँस कर बातें करता है मगर तन्दुरुस्तों को देखकर मुँह फेर लेता है।

जज: इन्साफ़ करने में आज़ाद मगर क़ानून का ग़ुलाम।

गवाह: झूठ और सच के दरमियान लटकता हुआ पेण्डुलम।

याद: पुरखों का छोड़ा हुआ पुराना बही खाता।

कोशिश: अंधेरे में तीर चलाना। लग जाए तो वाह वाह चूक जाए तो आह आह।

अंधेरा: बिजली कम्पनी का सिर दर्द।

बिजली: चोरों का सिर दर्द।

चोर: एक जेब का माल दूसरी जेब में मुन्तक़िल करने वाला आर्टिस्ट।

मॉडर्न इन्सान: जो अपने से पहले ज़माने के मॉडर्न को पुराना कहे।

ख़ुराक: जो हैवान को इन्सान और इन्सान को हैवान बना देती है।

अंजान: जो वो चीज़ें न जानता हो जिन्हें जानने से दुख पैदा होते हैं।

उस्ताद: बेवक़ूफ़ों को अक़्ल-मन्द बनाकर अपने दुश्मन बनाने वाला बेवक़ूफ़।

कूड़ा करकट: इस्तेमाल-शुदा चीज़ों का जनाज़ा।

जनाज़ा: वापसी का टिकट।

बैल: गाय का बिन ब्याहा ख़ाविन्द[5]।

लंगड़ा: दो पाँव वालों से ज़्यादा ख़तरनाक।

कमज़ोरी: एक मुर्दा जिस पर ज़िन्दा लोग हमला कर देते हैं और बड़े ख़ुश होते हैं।

ज़िन्दा: मुर्दों के छोड़े हुए तख़्त पर बैठने वाला हुक्मरान।

क़त्ल: आँखों वालों की अन्धी हरकत।

मकान: चिड़ियों, मक्खियों और इन्सानों का मुशतर्का[6] एक रैन-बसेरा।

मुफ़्लिस: जो अगर मौजूद न हो तो अह्ल-ए-दौलत ख़ुदकुशी कर लें।

ख़ुदकुशी: जो न की जाए तो डिक्शनरी से एक लफ़्ज़ कम हो जाएगा।

लफ़्ज़: जो मुँह से अदा हो जाए तो बाहर जंग छिड़ जाए, अदा न हो सके तो अन्दर जंग छिड़ जाए।

मरीज़: जिसके बल-बूते पर दुनिया भर की मेडिकल कम्पनियाँ चलती हैं।

क़ब्रिस्तान: लाशों का सोशलिस्ट स्टेट।

रूह: मुझ पर की मफ़रूज़ा[7] कमर, जिसके मुतअल्लिक़ एक शायर ने कहा था, कहाँ है, किस तरफ़ को है, किधर है।

शायर: अंधेरे में भटकता हुआ एक चराग़।

बद-सूरत औरत: हसीनाओं को परखने का आला।

आदम: ख़ुदा की वो ग़लती जिसकी वो आज तक तस्हीह[8] नहीं कर सका।

ग़लती: मुआफ़ कर देने वालों के लिए एक नादिर मौक़ा।

मौक़ा: जिससे हमेशा अक़्ल-मन्द लोग फ़ायदा उठाते हैं और बेवक़ूफ़ लोग ये सोच कर टाल जाते हैं कि ये हमारी शान के शायाँ नहीं।

बेवक़ूफ़: दुनिया की बड़ी-बड़ी सल्तनतें बेवक़ूफ़ों ने क़ायम की हैं और अक़्ल-मन्दों ने उजाड़ी हैं।

अवाम: चौपाल पर रखा हुआ एक हुक़्क़ा जिसे हर राहगीर आकर पीता है।

सरमायादार: दूसरों की कतरनों से अपने लिए पतलून तैयार करने वाला एक माहिर टेलर मास्टर।

अम्न: वहशी लोगों की नीन्द का ज़माना।

बूढ़े: दिवालिया दुकान के बाहर लटका हुआ पुराना साइनबोर्ड।

बकरी: जिसकी अक़्ल ज़्यादा है दूध कम।

बीवी: महबूबा की बिगड़ी हुई शक्ल।

रिश्तेदार: एक रस्सी जो टूट कर भी सिर पर लटकती रहती है।

नंगा: टेक्सटाइल मिलों का मज़ाक़ उड़ाने वाला।

मक़रूज़: एक शहंशाह, जो दूसरों की कमाई पर ऐश करता है।

क़र्ज़-ख़्वाह: जो क़र्ज़ देते वक़्त दोस्त और क़र्ज़ वापस लेते वक़्त दुश्मन लगे।

दिल्ली: जहाँ मकान बड़े हैं इन्सान छोटे।

बम्बई: एक मन्दिर जहाँ से भगवान निकल गया है।

कलकत्ता: जहाँ के लोग दिन को एक दूसरे से लड़ते हैं। रात को एक दूसरे के साथ मिलकर गाते-बजाते हैं।

हुकूमत: काँटों का ताज जिसे हर गंजा पहनना चाहता है।

अक़्ल: मुहब्बत और ख़ुलूस का क़ब्रिस्तान।

बेवक़ूफ़ी: एक ख़ज़ाना जो कभी ख़ाली नहीं होता।

ब्याह: इश्क़ का अंजाम, बच्चों का आग़ाज़।

बच्चे: माँ-बाप के पैदा किए हुए माँ-बाप।

माँ-बाप: बयक-वक़्त बच्चों के हाकिम और बच्चों के ग़ुलाम।

दिल: एक क़ब्र जिसके नीचे अक्सर ज़िन्दा मुर्दे दफ़्न कर दिए जाते हैं।

दिमाग़: शैतान और ख़ुदा दोनों का मुशतर्का घर।

आँखें: जो बाहर से बन्द हो जाएँ तो अन्दर की तरफ़ खुली की खुली रह जाती हैं।

हाथः जो भीख देता है, लेता भी है।

पाँवः जो दूसरों को ठोकर मारता है, ख़ुद ठोकर खाता है।

सूदः दूसरों का भला करने के लिए एक बुराई।

बेवफ़ाः एक तोता जिसे पिस्ता खिलाया जाए तो तारीफ़ करता रहता है, न खिलाया जाए तो आँखें फेर लेता है।

वफ़ादारः बग़ैर पिस्ता खाए तारीफ़ करने वाला जाहिल तोता।

ख़ुश-क़िस्मतः एक लाठी जो जिसके हाथ लग जाए, उसी की हो जाती है।

फ़ॉरेन एक्सचेंजः एक छलनी जो समुन्दर को ख़ाली करने की कोशिश में लगी रहती है।

विदेशी क़र्ज़ाः एक डायन जो बच्चे पैदा करती है, उन्हें खिलाती और पालती-पोसती है और फिर ख़ुद ही उन्हें खा जाती है।

राशनः भूखे पेट के लिए बद-हज़मी दूर करने का चूरन।

टैडी-बॉयः जो साड़ी पहन कर महबूबाओं के दिल जीते।

हिल स्टेशनः सेहतमन्द मरीज़ों का हस्पताल।

लोहारीः एक चाबुक, जो हिल स्टेशन पर न जाने के जुर्म में लगाया जाए।

* * *

---

1. वंशावली 2. नुक़्सान पहुँचाने वाला 3. भिक्षापात्र 4. शराबी 5. पति 6. संयुक्त 7. माना हुआ 8. भूल सुधार

और साँई बाबा ने कहा

मुँह-माँगी मौत

एक नहीफ़-ओ-नज़ार[1] बूढ़ा झिलंगी[2] चारपाई पर पड़ा कराह रहा था और कह रहा था, "आह न जाने मौत कब आएगी?" इतने में मौत आ गई और बोली, "बाबा! मैं आ गई हूँ।" बूढ़ा नाराज़ हो कर बोला, "बड़ी बेवक़ूफ़ हो। मैंने तो अपने लड़के को बुलाया था कि वो आकर मेरी ख़बर-गीरी करे।"

मौत ने कहा, "बाबा, मैं तुम्हारा लड़का हूँ।"

दो दोस्त, दो दुश्मन

जंगल में जाते-जाते साँई बाबा ने देखा कि एक कोड़ियाला साँप मरा पड़ा है। चन्द क़दम के फ़ासले पर एक नेवला भी मरा पड़ा था। साँई बाबा ने नेवले को उठाया और साँप के पास

लाकर रख दिया। उन दोनों की बाँहें एक दूसरे की गर्दन में डाल दीं। बिल्कुल दो दोस्तों की तरह वो एक दूसरे की गर्दन में बाँहें डाले पड़े रहे।

चन्द मिनट तक साँई बाबा उन्हें देखता रहा। अचानक उन दोनों में एक हरकत सी पैदा हुई। दोनों में ज़िन्दगी की लहर दौड़ गई। दोनों ने आँखें खोल कर एक दूसरे की तरफ़ देखा, और फिर दोनों आग बगूला हो कर एक दूसरे से लड़ने लगे।

कामयाब यतीम-ख़ाना

यतीम-ख़ाने के इंचार्ज ने मुझे बताया, "इन सब बच्चों के माँ-बाप मर चुके हैं।"

"अफ़सोस।"

"अफ़सोस की कोई बात नहीं। हम उन्हें पाले-पोसेंगे। उन्हें काम सिखाएँगे, उन्हें बा-रोज़गार बनाएँगे, उनकी शादियाँ करेंगे। उनके बच्चे पैदा होंगे।"

"और फिर उनमें से कइयों के बच्चे यतीम हो जाएँगे। अफ़सोस।"

"अफ़सोस की कोई बात नहीं क्योंकि हम उन्हें फिर यतीम-ख़ाने में दाख़िल कर देंगे। आप शायद नहीं जानते कि हमारा यतीम-ख़ाना गुज़िश्ता एक सौ साल से क़ायम है और बड़ी कामयाबी से चल रहा है।"

हुस्न की क़ीमत

एक मशहूर-ओ-मारूफ़ मुसव्विर ने एक हसीना की तस्वीर बनाई। उस हसीना के ख़द्द-ओ-ख़ाल[3] में इतनी नज़ाकतें और जिस्म में इतनी क़ौसें[4] थीं कि तस्वीर देखते ही हर शख़्स उसे ख़रीद लेता और अपने सीने से लगा लेता। और जब ये तस्वीर एक बैन-उल-अक़वामी नुमाइश में पेश की गई तो उसे आला दर्जे का हुस्न क़रार दिया गया... और वो तस्वीर एक भिखारन की थी जो आज भी सड़कों पर एक-एक पैसे की भीक माँगती फिरती है।

हसीन कौन?

मैंने चकोर से पूछा, "दुनिया में सबसे ज़्यादा हसीन कौन है?" उसने कहा, "चाँद।" मैंने एक सेठ से पूछा, "सबसे ज़्यादा हसीन कौन है?" वो बोला, "रुपए।" मैंने एक तवायफ़ से पूछा, "सबसे ज़्यादा हसीन कौन है?" वो बोली, "गाहक।" मैंने एक नन्हे से बच्चे से पूछा, "सबसे ज़्यादा हसीन कौन है?" उसने कहा, "दूध।"

और फिर मैंने एक पागल से पूछा, "बताओ तुम्हारे ख़याल में सबसे ज़्यादा हसीन कौन है?" उसने हँसकर कहा, "ख़ुद मैं।"

हसीना की निगाहें

हसीना ने दरख़्त की तरफ़ देखा तो दरख़्त पर फूल खिल उठे। हसीना ने एक कार की तरफ़ देखा तो मार्केट में कारों का निर्ख़[5] दोगुना हो गया। हसीना ने एक पत्थर की तरफ़ देखा तो वो संगमरमर बन कर महल में जा लगा। और हसीना ने शराब की बोतल की तरफ़ देखा तो उस की परस्तिश शुरू कर दी गई।

लेकिन हसीना ने जब एक इन्सान की तरफ़ देखा तो उस इन्सान को इन्सानों ने फाँसी पर लटका दिया।

बहादुर आशिक़

एक मियाँ-बीवी एक आशिक़ाना फ़िल्म देख कर आए और घर आकर दोनों फ़िल्म के हीरो हीरोइन की तरह आशिक़ाना मुकालमे बोलने लगे। मियाँ ने कहा, "प्यारी, ये चाँद और सितारे गवाह हैं कि मैं तुम्हारी ख़ातिर अपनी जान तक दे दूँगा।" बीवी ने कहा, "प्यारे! मैं तुम्हारी ख़ातिर सारे समाज को ठुकरा दूँगी और तुम्हारे पास आ जाऊँगी।"

और फिर दोनों ने बयक-आवाज़ कहा, "ये मुकालमे तो शादी से पहले के हैं।"

क़हत का मुक़ाबला

शहर में ग़िज़ाई क़हत पड़ गया। मुअज़्ज़ज़ीन-ए-शहर ने बड़ी तेज़ी से ग़ल्ले के स्टॉक कर लिए। लोगों में हाहाकार मच गई। अनाज का दाना-दाना ब्लैक मार्केट में मिलने लगा। फ़ुटपाथों पर चलते-चलते फ़ाक़ा-कश[6] अचानक गिर पड़ते और दम तोड़ देते। हाथ दुआओं को उठते मगर नक़ाहत[7] से लटक कर रह जाते।

और फिर शहर के बड़े हाकिम ने सूरत-ए-हाल का मुक़ाबला करने के लिए एक रिलीफ़ कमेटी बनाई और उस कमेटी में जितने मेम्बर लिए गए वो सब ग़ल्ले के ब्लैक मार्केटिए थे।

बे-रूह फ़िक़रे

एक मुअज़्ज़ज़ आदमी ने अपने घर के अन्दर एक निहायत ख़ूबसूरत फ्रेम में मुन्दर्जा-ज़ैल इबारतें लिख कर लटका रखा था,

"बेईमान आदमी जहन्नुम में जाता है।"

"अमानत में ख़यानत करना गुनाह है।"

"किसी का हक़ छीनना बुज़दिली है।"

और जिस आर्टिस्ट ने ये इबारतें लिखी थीं, वो अपनी उजरत हासिल करने के लिए उम्र भर रोता रहा।

शहर के कुत्ते

शहर के दो मुअज़्ज़ज़ीन क्लब में बैठे मय-नोशी में मसरूफ़ थे। एक मुअज़्ज़ज़-ए-शहर ने लहराते हुए कहा, "ऐ अगर मैं चाहूँ तो शहर के तमाम कुत्ते तुम पर छोड़ सकता हूँ।" दूसरा मुअज़्ज़िज़ बोला, "मगर कुत्ते लाओगे कहाँ से?"

"मैं शहर के तमाम कुत्ते ख़रीद लूँगा।"

"वो तो पहले ही ख़रीद चुका हूँ।"

"किसलिए?"

"तुम पर छोड़ने के लिए।"

अनोखा मरीज़

शहर के मशहूर-ओ-मारूफ़ डॉक्टर चतुर्वेदी के मतब[8] में एक हट्टा-कट्टा मरीज़ दाख़िल हुआ और डॉक्टर के क़रीब पड़ी हुई एक कुर्सी पर बैठ गया और बोला, "डॉक्टर साहब, सुना है, आप इन्सान की हर बीमारी का इलाज करते हैं।"

"आपने ठीक सुना है।"

मरीज़ बोला, "डॉक्टर साहब मुझे एक निहायत ख़ौफ़नाक और कोहना[9] मर्ज़ है। आप मेरा इलाज कर दीजिए।" डॉक्टर ने कहा, "फ़रमाइए, क्या मर्ज़ है आपको?"

ये सुनकर हट्टे-कट्टे मरीज़ ने मुँह पर एक घूँसा जमाया, मेज़ पर पड़ा हुआ डॉक्टर का हैट उठाया और हँसते हुए बाहर चला गया।

साइन्सदाँ

साइन्सदाँ उछलता कूदता हुआ अपनी लैबोरेट्री से अचानक बाहर निकल आया और जोश-ए-मसर्रत में अपने नन्हे से बच्चे के दोनों कन्धों को पकड़ कर बोला, "नन्हे नन्हे, तुम ये जान कर ख़ुश होगे कि मैंने आख़िर वो हैरत-अंगेज़ चीज़ ईजाद कर ली है।" बच्चा बोला, "क्या चीज़?" साइन्सदाँ ने कहा, "एक ऐसी चीज़ जिससे मैं दुनिया के हर आदमी को एक सेकेंड में मार सकता हूँ।"

बच्चा ख़ुश हो कर बोला, "तो डैडी पहले मुझे मार कर दिखाओ उस चीज़ से।"

टीचर

एक टीचर हर रोज़ गधे पर सवार हो कर मदरसे जाया करता था। एक दिन हस्ब-ए-मामूल जब वो गधे पर सवार हो कर जा रहा था तो गधे ने कहा, "क्यों जी, आप हर रोज़ मदरसे में क्या करने जाते हैं?" टीचर बोला, "मैं लड़कों को इल्म सिखाने जाता हूँ।" गधा बोला, "इल्म सीखने से क्या फ़ायदा होता है?" टीचर ने कहा, "इल्म सीखने से अक़्ल आ जाती है।" गधा कहने लगा, "तो फिर मास्टर जी मुझे भी अक़्ल सिखा दो।"

टीचर ने नफ़ी में सर हिलाते हुए कहा, "नहीं, अगर मैंने तुम्हें अक़्ल सिखा दी तो फिर सवारी किस पर करूँगा?"

लीडर

स्टेज की कुर्सी पर बैठते हुए लीडर ने निहायत जज़्बात अंगेज़-लहजे में कहा, "प्यारे हाज़रीन, मेरी ज़िन्दगी का वाहिद मक़सद अवाम की ख़िदमत करना है। मेरा हर क़दम अवाम के मफ़ाद ही के लिए उठता है। मैंने जितनी क़ुर्बानियाँ कीं वो सिर्फ़ आप लोगों के लिए कीं और मुझे फ़ख़्र है कि मैं अवाम की तमन्नाओं का अक्स बन गया हूँ। क्या आप में किसी को भी मेरे इस बात पर शक है?"

हाज़रीन में से एक शख़्स उठा और बोला, "हाँ, मुझे शक है।"

ये सुनकर लीडर ने उस शख़्स को स्टेज पर बुला लिया और अपने साथ वाली कुर्सी पर बिठा दिया।

क्लर्क

क्लर्क की बीवी ने सातवें बच्चे को जन्म देते वक़्त दर्द से कराहते हुए कहा, "आह, बच्चे बढ़ते जा रहे हैं मगर हमारी तनख़्वाह नहीं बढ़ रही।"

क्लर्क ने अपनी बीवी को तसल्ली देते हुए कहा, "हाँ, मगर बच्चे भगवान देता है और तनख़्वाह दफ़्तर देता है।"

वकील

अदालत में एक वकील बतौर मुल्ज़िम पेश किया गया। जज ने उससे कहा, "निहायत अफ़सोस की बात है कि आपने क़ानून-दाँ हो कर भी क़ानून तोड़ा है।"

वकील ने संजीदगी से जवाब दिया, "माई लॉर्ड, क़ानून तोड़ने से पहले मैंने क़ानून की किताब अच्छी तरह पढ़ ली थी और ये तसल्ली कर ली थी कि इस क़ानून-शिकनी के तोड़ के लिए कौन-सा क़ानून मौजूद है।"

गदागर

एक पढ़ा-लिखा गदागर[10] गदागरों का लीडर बन गया। चूँकि उसका ज़्यादातर वक़्त गदागरों की तंज़ीम और उनके हुक़ूक़ की हिफ़ाज़त पर सर्फ़ होने लगा। इसलिए गदागरों की तरफ़ से उसका माहाना वज़ीफ़ा मुक़र्रर कर दिया गया। हर गदागर उस वज़ीफ़ा के सिलसिले में हर महीने एक रुपए अदा किया करता।

एक मर्तबा गदागरों के लीडर से किसी ने पूछा, "उस्ताद, ये अच्छा हुआ कि तुमसे गदागरी छूट गई और अब तुम एक मुअज़्ज़ज़ शहरी बन गए हो।" वो ज़हरीले तबस्सुम के साथ बोला, "गदागरी कहाँ छूटी है? मैं अभी तक भीख माँगता हूँ। पहले राहगीरों से माँगा करता था, अब गदागरों से माँगता हूँ।"

एडिटर

अख़बार के एडिटर से उसके एक दोस्त ने पूछा, "क्या ये सही है कि तुम्हारी मालूमात बेहद वसी[11] हैं?" एडिटर फ़ख़्र से बोला, "हाँ।" दोस्त ने फिर पूछा, "और क्या ये भी सही है कि तुम्हें दुनिया की ख़बरों का इल्म रहता है?"

"हाँ।"

"मुआफ़ करना, तुम्हें दुनिया की ख़बरों का इल्म है मगर अपने बारे में एक छोटी सी ख़बर का भी इल्म नहीं?"

"वो क्या?"

"वो ये कि तुम्हारे सर के बाल उड़ गए हैं।"

बढ़ई

बढ़ई ने एक कुर्सी बनाई और बाज़ार में जाकर बेच दी। वो रुपए लेकर बाज़ार में आटा लेने गया। आटा तौलते वक़्त दुकानदार ने डण्डी मारी जिस पर बढ़ई को ताव आ गया। उसने दुकानदार को बुरा-भला कहा, दुकानदार ने उसे गाली दी, बढ़ई ने मुक्का मार कर दुकानदार का दाँत तोड़ दिया। बढ़ई को गिरफ़्तार कर लिया गया। कई महीने उस पर मुक़द्दमा चलता रहा और आख़िर अदालत ने उसे छः माह की सज़ा दे दी।

जिस जज ने बढ़ई को सज़ा का हुक्म सुनाया वो उसी बढ़ई की बनाई हुई कुर्सी पर बैठा था।

चोर

एक चोर रात को किसी के घर में दाख़िल हुआ। जिस कमरे में दाख़िल हुआ वहाँ अँधेरा था मगर बग़ल के कमरे में रौशनी हो रही थी और अन्दर से मियाँ-बीवी की बातें करने की आवाज़ सुनाई दे रही थी। मियाँ कह रहा था, "प्यारी, आज तो हर घर में रौशनी हो रही है, सारा शहर जाग रहा है। इसलिए आज कहीं नक़ब[12] नहीं लगा सका।"

बीवी बोली, "इसका मतलब है आज तुम ख़ाली हाथ लौट आए, कोई भी चीज़ चुरा कर नहीं लाए?" मियाँ बोला, "नहीं नहीं, एक घर में थोड़ा सा मौक़ा मिला तो एक घड़ी मेरे हाथ लग गई जो साथ वाले कमरे में मेज़ की दराज़ में रख आया हूँ।"

मियाँ-बीवी की ये गुफ़्तगू सुनकर पहले चोर ने मेज़ की दराज़ खोली और घड़ी उठाकर मुस्कुराता हुआ बाहर निकल गया।

शायर

शायर को ख़ुदा के हुज़ूर में पेश किया गया। ख़ुदा ने पूछा, "शायर, तुम चूँकि हमारे ख़ास आज़ाद-मनिश[13] बन्दे हो, इसलिए तुम ख़ुद ही बताओ कि तुम जन्नत में रहना पसन्द करोगे या दोज़ख़ में?" शायर बोला, "जहाँ सामईन की तादाद ज़्यादा हो।"

चुनांचे ख़ुदा ने उसे दोज़ख़ में भेज दिया।

तर्बियत-गाह

नन्हे की माँ नन्हे के अब्बा से झगड़ा कर रही थी।

"नन्हा गालियाँ बकने का आदी हो गया है, और तुमने उस बदमाश को खुली छुट्टी दे रखी है।" नन्हे के अब्बा ने कहा, "बकवास करती हो तुम। तुम ही उसे उल्लू का पट्ठा बना रही हो।" नन्हे की माँ ने कहा, "औलाद तुम्हारी है। लफ़ंगे की औलाद भी लफ़ंगी बनेगी और क्या बनेगी?" नन्हे के अब्बा ने कहा, "और तुम कौन से शरीफ़ ख़ानदान से आई हो। तुम्हारा बाप भी तो चोर उचक्का ही था।"

और दोनों का नन्हा एक कोने में बैठा हुआ ये नई गालियाँ सुन रहा था और ज़ेहन में नोट कर रहा था।

आइनों का फ़र्क़

अपनी बीवी को क़द-ए-आदम आइने के सामने खड़े देखकर शौहर ने बड़े मस्ताना लहजे में कहा, "प्यारी, आज तो तुम राजा इन्द्र के अखाड़े की परी मालूम हो रही हो।" बीवी ने ताना देते हुए कहा, "कल तो तुम कह रहे थे कि तुम चुड़ैल हो, डायन हो।"

"कल तुम मेरे सामने खड़ी थीं मगर आज आइने के सामने खड़ी हो।"

बे-नियाज़ जोड़ा

सरकार की तरफ़ से मुनादी[14] कराई गई, "मुल्क की आबादी ख़तरनाक हद तक बढ़ रही है। इसलिए सरकार मुल्क के हर मियाँ-बीवी से अपील करती है कि वो कम से कम बच्चे पैदा करें।

एक जोड़े ने बाज़ार में चलते-चलते ये मुनादी एक कान से सुनी और दूसरे से उड़ा दी क्योंकि उनके यहाँ गुज़िश्ता बीस साल से एक भी बच्चा पैदा नहीं हुआ था।

बीवी का भाग्य

बीवी आँसुओं, हिचकियों और सिसकियों के दरमियान कह रही थी, "मैं कहती हूँ इस घर में आकर तो मेरे भाग ही फूट गए। आख़िर यहाँ आकर मुझे क्या मिला?"

नीचे सड़क पर से एक ख़्वाँचे वाले की आवाज़ आई, "पापड़ करारे।"

भगवान का फ़ैसला

मन्दिर में भगवान कृष्ण की मूर्ति के सामने एक औरत आँखें बन्द किए प्रार्थना कर रही थी, "हे मुरली मनोहर, मेरे ख़ाविन्द को बुद्धि अता कर, ताकि वो दूसरों के बहकावे में न आया करे।"

भगवान की मूर्ति जैसे बोल उठी, "अभी दस मिनट पहले ही तेरा ख़ाविन्द भी मुझसे ये कह गया है।"

तालीम का मक़्सद

एक ख़ुदा-तरस और एक नेक वकील साहब हर रोज़ एक तवायफ़ के यहाँ जाते और रात गए लौट आते। मैंने एक दिन उनसे पूछा, "आप हर रोज़ तवायफ़ के यहाँ क्यों जाते हैं? एक मुहज़्ज़ब आदमी के लिए ये बात निहायत ना-मुनासिब है।"

वो गर्दन अकड़ा कर बोले, "मैं उससे तहज़ीब सीखने जाता हूँ।"

बेटे का बाप

तवायफ़ के नन्हे से मासूम बच्चे ने एक दिन माँ से पूछा, "माँ ये हर रोज़ हमारे घर में इतने आदमी क्यों आ जाते हैं?"

तवायफ़ ने एक सर्द आह भर कर कहा, "बेटा, मैं ख़ुद उन आदमियों को यहाँ बुलाती हूँ, ताकि तुम पहचान सको कि उनमें से तुम्हारा बाप कौन है?"

रंगीन मक़ूले

जो लोग तवायफ़ से नफ़रत करते हैं, तवायफ़ उनसे भी नफ़रत नहीं करती।

जिस समाज में मुहब्बत करना जुर्म हो, वहाँ क़हवा-ख़ाने खोलना कोई जुर्म नहीं।

तवायफ़ों के लाइसेंसों से जो रक़म वसूल की जाती है, वो अख़्लाक़ सुधारने वाली सभाओं पर ख़र्च की जाती है।

ज़ुकाम

एक मर्तबा एक बड़े आदमी को ज़ुकाम हुआ। सात दिन तक सात आला डॉक्टर उसका इलाज करते रहे। एहतियात, परहेज़ और इलाज पर सात सौ रुपए ख़र्च हो गए। जब ज़ुकाम से इफ़ाक़ा[15] हुआ तो उसने अपनी सेहत-याबी की ख़ुशी में एक बहुत बड़ी दावत दी। शहर के बहुत से मोअज़्ज़ज़ीन दावत में शरीक हुए। दावत, ऑर्केस्ट्रा और फ़क़ीरों को ख़ैरात पर एक हज़ार रुपए उठ गया।

क़िस्मत का धनी

एक दिन बड़े आदमी ने एक ज्योतिषी को बुलाकर पूछा, "क्या तुम बता सकते हो कि कल हमारे साथ क्या होगा?" ज्योतिषी ने सितारों का हिसाब लगाकर बताया, "हाँ जनाब, कल आपको दस हज़ार रुपए अचानक मिल जाएँगे।"

और दूसरे दिन बड़े आदमी का कुत्ता मर गया, जो दस हज़ार रुपए में बीमा-शुदा था।

पुतली का तमाशा

छोटे आदमी से किसी ने कहा, "ठहरो।" वो ठहर गया। उसके बाद छोटे आदमी से कहा गया, "चलो।" वो चलने लगा, फिर कहा गया, "लौट आओ।" वो वापस आ गया।

उस से पूछा गया, "तुमने मेरे हुक्म की तामील क्यों की?"

छोटे आदमी ने कहा, "अगर मैं ये जानता होता कि मैंने आपके हर हुक्म की तामील क्यों की, तो आपके हुक्म की तामील ही क्यों करता?"

गालियों का निर्ख़

छोटा आदमी हाँपता-काँपता एक सेठ साहब के पास आया और घबराते हुए बोला, "आपने मुझे पाँच रुपए दिए थे ताकि मैं जाकर गुप्ते को एक गाली दे आऊँ?"

"हाँ दिए थे?"

"तो मैं उसे गाली दे आया हूँ और उसने जवाब में मुझे दो गालियाँ दी हैं।"

"हाँ मैंने उसे दस रुपए दिए थे, तुम्हें गाली देने के लिए।"

उपदेश का असर

जलसे में एक बहुत बड़ा विद्वान ब्राह्मण उपदेश दे रहा था, "वो आदमी बहुत बड़ा है जो सिद्क़-ए-दिल से अपने

गुनाहों का ऐतराफ़ कर लेता है।"

छोटे आदमी ने ये उपदेश सुना और क़रीबी थाने में जाकर अपने तमाम साबिक़ा गुनाहों की रिपोर्ट दे दी और थानेदार ने उसे पकड़ कर जेल में ठूँस दिया।

क्यों?

छोटे आदमी को सरकार की तरफ़ से "अज़ीम फ़नकार" का ख़िताब दे दिया गया।

छोटे आदमी को अमीरों के क्लब का एज़ाज़ी मेम्बर बना दिया गया।

छोटे आदमी की तारीफ़ में बड़े-बड़े अख़बारों ने मज़ामीन शाए किए।

छोटे आदमी का शोहरा सारे मुल्क में हो गया।

क्यों...?

क्योंकि वो अब छोटे आदमियों से नफ़रत करने लगा था।

चोर

एक छोटे आदमी ने दूसरे छोटे आदमी की क़मीज़ चुरा ली। दूसरे ने पहले की पगड़ी चुरा ली। पहले ने दूसरे का जूता चुरा लिया। दूसरे ने पहले की धोती चुरा ली। पहले ने दूसरे का तहबन्द चुरा लिया। दूसरे ने पहले की...

हफ़्ता भर बाद दोनों एक दूसरे का लिबास पहने फिर रहे थे।

दुआ क़ुबूल

मुल्क में ज़बरदस्त क़हत पड़ गया तो छोटे आदमी ने सिद्क़-ए-दिल[16] से दुआ माँगी, "भगवान बारिश भेज दे ताकि हम मौत से बच जाएँ।"

भगवान ने दुआ क़ुबूल की और मूसलाधार बारिश भेज दी। और बारिश में छोटे आदमी का मकान गिर गया और छोटा आदमी उसके नीचे दब कर मर गया।

कुछ मिला

रात को छोटे आदमी के घर एक चोर घुस आया। छोटे आदमी की आँख खुल गई और उसने चोर से कहा, "क्यों भैया कुछ मिला?" चोर ने कहा, "कुछ भी नहीं मिला मगर हाँ, एक सबक़ ज़रूर मिला।"

"क्या?"

"ये कि तुम माल-ओ-दौलत से महरूम हो और मैं अक़्ल से।"

एक मातमी ख़त

एक तिजारती फ़र्म के मालिक को सुब्ह डाक से एक ख़त मिला।

मैसर्स डिंगामल गूँगामल जी, मैं निहायत अफ़सोस के साथ आपको ये इत्तिला देना चाहता हूँ कि आपके पुराने और

गहरे दोस्त मिस्टर सुरजीत कल रात इन्तक़ाल कर गए। उन पर अचानक निमोनिया का हमला हुआ और वो बावजूद फ़ौरी तिब्बी इमदाद के जाँ-बर न हो सके।

आपका

शामनाथ बिरादर-ए-हक़ीक़ी सुरजीत

फ़र्म के मालिक ने ख़त पढ़ कर मेज़ के नीचे फेंक दिया और अपने ख़ज़ांची को आवाज़ देकर कहा, "मुनीम जी, ज़रा देखना मिस्टर सुरजीत के नाम हमारे कितने रुपए निकलते हैं?"

रिज़्क़ देने वाला

एक तवायफ़ ख़ुदा की बहुत ज़्यादा क़ायल थी। बराबर उसकी इबादत किया करती थी। एक दिन मैंने पूछा, "अरी तू तवायफ़ हो कर ख़ुदा की इबादत करती है। तुझे क्या पड़ी है ख़ुदा की?"

वो बोली, "साँई बाबा, मैंने जिस वक़्त भी ख़ुदा से दुआ माँगी है, उसी वक़्त उसने कोई न कोई गाहक भेज दिया... इसलिए रिज़्क़ देने वाले की इबादत करनी ही चाहिए।"

* * *

---

1. बहुत कमज़ोर और दुबला-पतला 2. ढीला-ढाला 3. रूप रेखा 4. कमान जैसी लोचपन 5. दाम 6. भूके 7. कमज़ोरी 8. दवाख़ाना 9. पुराना 10. भिकारी 11. बड़ों 12. सेन्ध 13. आज़ाद स्वभाव 14. ऐलान 15. फ़ायदा, आरोग्य लाभ 16. सच्चे दिल से

रिटायरमेंट

और आख़िर एक शाम मैं दफ़्तर से रिटायर हो गया तो मुझे दो शदीद सदमे[1] हुए। एक तो वो शाम सुरमई थी। जो निहायत दिल-आवेज़[2] लगी मेरे रिटायरमेंट के ग़म में अगर वो कम-अज़-कम आज सुरमई न होती तो मैं समझता कि हक़ रिफ़ाक़त निभा रही है मगर आह!

सियाह बख़्ती में कब कोई किसी का साथ देता है।

और दूसरा सदमा सूरज ने पहुँचाया कि मेरे तअल्लुक़ात सूरज से बुरे नहीं रहे थे। लेकिन वो अभी ग़ुरूब नहीं हुआ था। जबकि मेरी ऐक्टिविटी ग़ुरूब[3] हो चुकी थी। मैंने दोस्ताना शिकायत के तौर पर सूरज से कहा:- "अगर आज मेरे साथ आप भी ग़ुरूब हो जाते तो क्या हर्ज था?"

उसने जवाब दिया "आज मैं ओवर टाइम कर रहा हूँ।"

कमाल है? एक बज़्म-ए-ख़ुद आदमी रिटायर हो गया। मगर किसी को झटका नहीं लगा। शाम ब-दस्तूर सुरमई रही।

सूरज ओवर टाइम कर रहा है, कली खिल कर फूल बनती रही है। चिड़िया चहचहा रही हैं। हत्ता कि सामने पार्क में एक लीडर तक़रीर कर रहा है और अपने आप को दुहरा रहा है कि इस मुल्क में सर्मायादारी ख़त्म होगी या मैं ख़त्म हो जाऊँगा। रिटायरमेंट के बाद मेरा सब पर से ऐतबार उठ गया और मैंने सोचा अब मैं बे-ऐतबारी की मन्ज़िल में दाख़िल हो गया हूँ। और उसी नए माहौल से ही एडजस्टमेंट करना होगी।

रास्ते में किशोरी लाल जी मिले। अपनी इन्फ़िरादियत दूसरों पर मुसल्लत करने के लिए उन्होंने ये तकनीक इख़्तियार की थी। कि ख़ुदा को नहीं मानते थे। माथे पर हमेशा एक मुदब्बिराना[4] तेवरी रहती थी। लेकिन आज देखा न तो तेवरी थी न तदबीर बल्कि उन की बजाए माथे पर एक लम्बा तिलक था। मैंने पूछा। "हैलो किशोरी लाल जी! आप के कुफ़्र की क्या पोज़ीशन है?"

बोले: "कुफ़्र तर्क कर दिया। आजकल ख़ुदा को मानने लगा हूँ।"

मैंने मुस्कुराते हुए कहा। "गोया कुफ़्र से आप रिटायर हो गए?"

इस से पहले कि वो मेरी मुस्कुराहट पर तमाँचे लगाते। ख़ुदा के हक़ में लम्बी तक़रीर के तमाँचे में तेज़ी से मैं आगे बढ़ गया। ख़ुदा भी अजीब चीज़ है। आप कुफ़्र के हक़ में भी मज़बूत दलाइल दे सकते हैं। रिटायरमेंट का दलाइल से कोई तअल्लुक़ नहीं और ख़ुदा का तो उन दलाइल से क़तई कोई तअल्लुक़ नहीं। न अपनी मुवाफ़िक़त के दलाइल न

मुख़ालिफ़त के। घर पहुँचने से पहले अपनी महबूबा के मकान के सामने जा कर रुका जो चार बच्चों की माँ बन चुकी थी। और महबूबियत की तारीख़ के दौर के मुतक़द्दिमीन[5] में शुमार होती थी। मकान के बाहर खड़ी दिखाई दी। मैंने उसे देखते ही तबस्सुम फ़रमाया। तबस्सुम में मेरे मसनूई[6] दाँतों की भी शिरकत थी। यूँ लगा, तबस्सुम तो है मगर रिटायर हो चुका है।

जवाबन उस ने भी तबस्सुम रूह दिया मगर आह वो भी ऐसा तबस्सुम था जैसे कोई बादशाह गद्दी से उतर चुका हो।

मैंने पूछा "रमनी! इश्क़ का राही किस मन्ज़िल पर है?"

वो बोली "ब्रह्मकुमारियों के आश्रम जा रही हूँ।"

मैंने अर्ज़ किया (पहले अर्ज़ नहीं करता था, ऐक्शन करता था) "मैं आज से रिटायर हो चुका हूँ। हरकत-ओ-हरारत के वो साबिक़ा आतिशीं बोसे जो राख का ढेर बन चुके थे तुम्हें देखते ही उस ढेर में से एक चिंगारी चमकी है यूँ लगा चिंगारी हमारे लबों की तरफ़ बढ़ रही है।"

वो कहने लगी "सॉरी! मेरे बोसों का स्टॉक ख़त्म हो चुका है। आख़िरी बोसा ब्रह्मकुमारी आश्रम की नज़्र कर चुकी हूँ। मगर घबराओ नहीं, मुल्तवी नहीं इसे अगले जनम में सही, क्योंकि अब ये आश्रम ही मेरी शान्ति का मरकज़ है।"

ये कह कर वो वहाँ से चली गई और मैं इतना भी न कह सका कि मुझे भी अपने साथ आश्रम में ले जाओ। आश्रम बनाए ही इसलिए जाते हैं ताकि रिटायर्ड आदमी को शान्ति दे सकें और कुछ न दे सकें।

घर पहुँचा तो मालूम हुआ कि बीवी मन्दिर में पूजा के लिए गई हुई है। हम दोनों की बोल-चाल दो-तीन बरस से बन्द थी। बल्कि दोनों को बोल-चाल की ज़रूरत ही नहीं रही थी। लेकिन रिटायरमेंट के बाद मैं ये प्रोग्राम बना रहा था कि बीवी से तज्दीद-ए-मोहब्बत[7] की जाए। कोई और काम था ही नहीं। तज्दीद-ए-मोहब्बत को एक काम समझ कर क्यों न इख़्तियार किया जाए।

लेकिन बीवी से एक टेक्निकल ग़लती ये हुई कि उस ने तज्दीद-ए-मोहब्बत की बजाए भगवान की पूजा को तरजीह[8] देना शुरू कर दी थी। न जाने भगवान रिटायरमेंट से पहले क्यों नहीं आता। बाद में क्यों आ जाता है।

ब-हरकैफ़ जब मन्दिर से लौट आएगी तो उस से कहूँगा। "जान-ए-मन! गुमराही के रास्ते पर चल पड़ी हो। राह-ए-रास्त पर आ जाओ। और भगवान से कह दो कि मेरा ख़ाविन्द चूँकि रिटायर हो चुका है, इसलिए मैं उसकी अर्थी तक तज्दीद-ए-मोहब्बत का प्रोग्राम बनाऊँगी। आप की बारी अर्थी के बाद।"

मेरा नन्हा पोता ड्राइंग रूम के सोफ़े पर बैठा होमवर्क कर रहा था। अचानक एक पेंसिल उसके हाथ से नीचे फ़र्श पर गिर पड़ी। मुझ से मुख़ातिब हो कर वो बोला "दादा जान! ज़रा तकलीफ़ फ़रमा कर मुझे मेरी पेंसिल उठा दीजिए।"

मैंने कहा "नहीं साहब! अब मैं रिटायर हो चुका हूँ। मैं कोई काम नहीं करूँगा।"

वो बोला। "रिटायरमेंट क्या होती है दादा!"

"यानी कल से मैं दफ़्तर नहीं जाऊँगा। मेरी छुट्टी!"

वो कमबख़्त ताली बजा कर बोला। "वण्डरफ़ुल! दादा जी! कल मेरे स्कूल में भी छुट्टी है कल मैं और आप दोनों शतरंज खेलेंगे। देख लीजिएगा। मैं आप के बादशाह को शह दूँगा।" मैं उसे कहना चाहता था कि बरख़ुर्दार मेरा बादशाह तो पहले ही मर चुका है। रिटायरमेंट के बाद हर इन्सान के अन्दर का बादशाह मर जाता है और उसका तख़्त-ओ-ताज दूसरे छीन लेते हैं। लेकिन मैं उसे ये नहीं कह सका। हालाँकि रिटायर आदमी के बाक़ी-मान्दा साँस जभी चल सकते हैं। जब वो नन्हे मुन्नों की मासूम सतह पर उतर कर खेलना शुरू कर दे। अगर छीनी हुई मासूमियत रिटायर्ड आदमी के रग-ओ-रेशे में फिर दाख़िल हो जाए। तो उसकी ख़ुश-नसीबी फिर लौट आती है। वर्ना गुज़िश्ता हफ़्ते एक रिटायर होने वाले अफ़सर ने दफ़्तर की छठी मन्ज़िल से छलाँग लगा कर ख़ुदकुशी की थी। और उसकी जेब से एक चिट नकली थी। "मैं ख़ुदकुशी इसलिए कर रहा हूँ क्योंकि मासूम बच्चे मेरे अन्दर दाख़िल हो कर मेरा ज़हर पीना चाहते हैं।"

मैंने पोते से वादा किया कि कल तुम्हारे साथ खेलूँगा और ज़रूर हार जाऊँगा। क्योंकि मेरे हार जाने से ही तुम्हें मसर्रत मिलेगी। और मुझे हार जाने से ही मसर्रत मिलेगी। ये सुन कर नन्हा पोता इतना ख़ुश हुआ कि ज़मीन पर गिरी हुई पेंसिल फ़ौरन उठा ली।

दूसरे दिन सुब्ह उठ कर नाश्ता किया। कल दफ़्तर जाने के लिए नाश्ता किया था आज दफ़्तर जाए बग़ैर नाश्ता किया।

नाश्ता मामूल के बर-अक्स[9] ज़्यादा लज़ीज़ था। (बीवी से बोल-चाल शुरू कर दी थी) लेकिन एक अजीब सा ख़ला[10] महसूस किया कि नाश्ता के बाद तो मुझे दफ़्तर जाना चाहिए था। आज दफ़्तर मैं जाऊँगा तो मुझे एक ग़ैर-ज़रूरी आदमी समझा जाएगा। तो फिर ग़ैर-ज़रूरी आदमी क्या करे? क्या करे? क्या करे? अचानक एक आइडिया सूझा, हरी नाथ भल्ला को टेलिफ़ोन किया जाए। चुनांचे आदतन "हैलो" के बाद कहा "भल्ला जी! मैं आज से रिटायर हो गया हूँ।"

जवाब आया "मुबारक हो। दोज़ख़ से नजात मिली।"

मैंने कहा। "मगर अब मेरी जन्नत तो तुम हो। तुम भी तो रिटायर हो चुके हो। घण्टा दो घण्टा के लिए ग़रीब-ख़ाने पर तशरीफ़ ले आओ आर्ट पर गुफ़्तुगू करेंगे। फ़िलॉसफ़ी पर हत्ता कि सिगरेट-नोशी के नुक़्सानात पर भी। आ जाओ, आ जाओ।"

भल्ला ने कहा। 'भई! मेरे लिए मकान की रजिस्ट्री का झगड़ा है। आज तो दिन भर इस मुसीबत में मसरूफ़ हूँ।" सिगरेट-नोशी अभी छूटी नहीं और चार दिन बाद सिगरेट के मसअले पर तफ़्सील से गुफ़्तुगू कर लेंगे। और अब अर्ज़ ये है कि जय हिन्द।"

मुझे अफ़सोस हुआ। भल्ला जी अभी रिटायर नहीं हुए। मकान की रजिस्ट्री की आरज़ी मुलाज़िमत कर ली।

चुनांचे दूसरे दोस्त डोगरा साहब को टेलिफ़ोन किया और कहा "प्यारे! अब जब कि मैं रिटायर हो चुका हूँ तुम आओ

और मशवरा दो कि अब मुझे क्या करना चाहिए।"

वो बोला "मेरे आने पर लानत भेजो और... मेरे ख़याल में तो अब ख़िदमत-ए-ख़ल्क़ करो।"

"ख़िदमत-ए-ख़ल्क़ की वज़ाहत[11] करो।"

"एक विध्वा आश्रम खोल लो। विध्वाएँ आम मिल जाएँगी।"

"क्या आपनी बीवी को भी विध्वा आश्रम में दाख़िल कर दूँ।"

वो हँस कर बोला। "ये तो तुम्हारी फ़राख़-दिली[12] होगी। रिटायरमेंट के बाद आदमी को फ़राख़-दिल हो जाना चाहिए।"

रिटायरमेंट के बाद दो-तीन महीने बेहद मसरूफ़ियत रही ये मसरूफ़ियत यक-तरफ़ा थी यानी ये मसरूफ़ियत मेरी नहीं थी, दूसरों की थी। हर दूसरे तीसरे दिन दूसरे लोग मुझे मशवरा देने आ जाते थे। वो अपने मश्वरे को नेक-नफ़्सी कहते। बल्कि यहाँ तक कि डायरेक्ट धमकी भी दे जाते कि अगर आप ने मेरा मशवरा न माना तो आप का मुस्तक़बिल बेहद तारीक हो जाएगा।

बल्कि एक साहब अगर एक दिन मशवरा दे कर गए। दूसरे दिन मालूम हुआ कि आज हार्ट-अटैक से चल बसे हैं। और अपना मुस्तक़बिल तारीक कर गए हैं।

अलस्सुब्ह एक टोली ने आ कर मेरे घर की घण्टी बजाई। मैं बालकनी पर ठिठुरता-ठिठुरता निकल आया और कहा।

“फ़रमाइए!”

“हमें ये सुन कर ख़ुशी हुई है कि आप रिटायर हो गए हैं।”

“आगे फ़रमाइए।”

“नीचे तशरीफ़ लाइए। हमारी टोली के साथ सुब्ह की सैर पर चलिए। हर रिटायर्ड आदमी का अख़्लाक़ी फ़र्ज़ है कि अगर उसे कुछ दिन और जीना है तो आज सुब्ह से सैर पर जाना शुरू कर दे।”

मैंने कहा “अगर आज की बजाए कल से जाना शुरू कर दूँ तो कैसा रहेगा।”

“कोई हर्ज नहीं। मगर पक्का वादा, राजपूती आन का सा।”

मेरे दादा फ़रमाया करते थे कि हमारा ख़ानदान राजपूताना से भाग कर आया था। लिहाज़ा हम भी राजपूत हैं। दो सदियों तक राजपूती शान कुछ एक आध फ़ीसदी से ज़्यादा नहीं बची रह सकती। लेकिन इसके बावजूद मैंने राजपूती वादा कर लिया।

दूसरे दिन सुब्ह की सैर वाली एक और टोली आई। हमारी कॉलोनी में ऐसी पाँच-छः टोलियाँ थीं। उन से भी जबरन-क़हरन राजपूती वादा कर लिया गया।

तीसरे दिन फिर नई टोली आई। उसे बीवी के हाथों कहलवा दिया कि वो गंगा यात्रा गए हुए हैं। ब-शर्ते कि लौट आए, जिस का चांस कम है, एक और रिश्तेदार तशरीफ़ लाए

उनके मश्वरों की फ़ेहरिस्त क़द्रे लम्बी थी। इसलिए नाश्ता भी किया। सुब्ह तक क़याम किया। और फिर तंग आ कर पूछने लगे। "लेकिन बुनियादी सवाल तो ये है कि रिटायरमेंट के बाद आप को कुछ न कुछ तो करना चाहिए। लिहाज़ा ये बताइए कि आप कौन काम करेंगे।"

मैंने कहा। "ये सोचना आप का काम है। मेरा काम तो अमल करना है। भगवान कृष्ण ने गीता में ये कहा था।" चूँकि उन्होंने गीता पढ़ी नहीं थी। सिर्फ़ उसका ऐहतराम करते थे। इसलिए मुझ से मायूस हो कर लौट गए। अलबत्ता तैश[13] में आ कर मेरी बीवी से ये ज़रूर कह गए कि, "अब मैं सिर्फ़ उनके जनाज़े पर आऊँगा। इस से पहले कभी नहीं आऊँगा।"

मेरी समझ में ये नहीं आता था कि कॉलोनी में हर आदमी को मेरी रिटायरमेंट के बाद हमदर्दी क्यों पैदा हो गई है। कई असहाब तो इसे इन्सानी हमदर्दी तक कहते थे। हर आदमी चाहता था कि मुझे किसी न किसी काम में ज़रूर मसरूफ़ होना चाहिए। वर्ना ये अचानक और जल्दी इन्तिक़ाल कर जाएँगे और फिर किसी काम के नहीं रहेंगे। और समाज उनकी बे-पनाह सलाहियतों से महरूम हो जाएगा।

हैरत होती थी कि अगर मुझ में बे-पनाह सलाहियत होती तो मुझे रिटायर क्योंकिया जाता।

ग़र्ज़ मेरी बहबूदी[14] के लिए मुख़्तलिफ़ तजावीज़ जो सिर्फ़ मुख़्तलिफ़ नहीं थीं मुतज़ाद[15] भी थीं। मेरे बातिन में ठूँसी जाने लगीं। मसलन:-

आप मुहल्ला सुधार कमेटी के प्रेसिडेंट क्यों नहीं बन जाते। आप गूँगे और बहरे आदमियों की ट्रेड यूनियन बना लीजिए।

कॉलोनी में घूमते, डरते-डरते कह रहे थे कि हमारा कोई रहनुमा नहीं बनता। आप का ज़िक्र बिल-ख़ुसूस कर रहे थे।

करप्शन के ख़िलाफ़ इन्क़िलाबी जद्द-ओ-जिहद शुरू कर दीजिए (ये तज्वीज़ एक स्मगलर ने समझाई थी)

हर इतवार को आप रामायण की कथा किया कीजिए। क्योंकि राम का नाम ही सत्य है। पूरी कॉलोनी एक अलग श्मशान-घाट बनवाने के लिए आप की तरफ़ देख रही है।

और चूँकि कॉलोनी के हर इन्सान को अपनी मौत यक़ीनी नज़र आती है। इसलिए हर इन्सान अपना चन्दा देने के लिए आमादा है। मगर कोई चन्दा लेने के लिए आगे भी तो आए। बल्कि एक सियासी लीडर ने तो वज़ारत छिन जाने के बाद अपनी नई पार्टी बना ली। और मुझे उसका जनरल सेक्रेटरी बनाने के लिए बेचैन हो गया। (पार्टी प्रेसिडेंट वो ख़ुद बनना चाहता था)

रिटायरमेंट के छ: माह बाद मेरे अन्दर से जब कोई वाज़ेह और मुतदिल आवाज़ नहीं आई कि मुझे क्या करना चाहिए। तो एक दिन नाश्ते के बार मेरी बीवी ने मुझे कहा। "घर में आज कोई सब्ज़ी नहीं है। ज़रा मार्केट तक जा कर एक किलो आलू तो ख़रीद लाइए।"

ये उस औरत की आवाज़ थी जो तीन बरस तक अपने उसूल पर डटी रही कि आप को सब्ज़ी ख़रीदने की न सूझ-

बूझ है न सलीक़ा।

दूसरे दिन उसने दरख़्वास्त की कि ज़रा मलिक डिपो के क्यू में खड़े हो कर दूध की दो चार बोतलें तो ले आइए। (वो जानती थी कि क्यू काफ़ी लम्बा होता है)

तीसरे दिन मुझे पड़ोसी से लड़ने-झगड़ने के लिए भेज दिया गया कि पड़ोसन अपने घर के चूहे हमारे घर की तरफ़ क्यों भेज देती है।

और चौथे दिन जब मैं फ्रूट शॉप से घर के लिए अंगूर ख़रीद लाया तो ग़ुस्से में आ कर बीवी से पूछा।

"तुम मुझे क्या समझती हो। ख़ाविन्द या घरेलू मुलाज़िम?"

वो बोली। "ख़ाविन्द ही समझती हूँ।"

"तो मुझ से घरेलू सर्वेंट वाले काम क्यों करवा रही हो।"

"क्योंकि हमने घरेलू सर्वेंट को बर्ख़ास्त कर दिया है। वो बड़ा बेईमान था। बाज़ार से जो चीज़ ख़रीद कर लाता एक तो उस पर ख़्वाह-म-ख़्वाह बहुत सा टाइम बरबाद करता फिर घटिया क्वालिटी की चीज़ लाता और बद-नीयती के साथ-साथ साठ पैसे की चीज़ का एक रुपए दाम बता देता, चालीस पैसे ख़ुद हज़म कर जाता। इसलिए हमने उसे जवाब दे दिया। अच्छा किया ना?"

मैंने अपनी ठण्डी सी आह छुपा कर कहा "अच्छा यूँ किया कि तुम ने मेरी रिटायरमेंट ख़त्म करादी और मुझे फिर एक और मुलाज़िमत दिला दी।"

मेरी ये बात सुन कर घर के सभी अफ़राद हँसने लगे और मैं रोने लगा। मगर इस एहतियात से कि मेरे रोने की आवाज़ कोई न सुन सका।

* * *

---

1. तीव्र पीड़ा 2. मनोरम 3. डूबना 4. होशियारी वाली 5. गुज़रे हुए लोग 6. बनावटी 7. मोहब्बत का नवीनीकरण 8. वरीयता 9. उलट 10. ख़ालीपन 11. स्पष्टता 12. उदारता 13. क्रोध 14. फ़ायदे 15. परस्पर विरोधी